**前言**

　　"21世纪，要么电子商务，要么无商可务。"比尔·盖茨毫不避讳地揭示了互联网时代下的行业生存现状。无独有偶，小米科技的雷军也说过类似的话："'电子商务'这个名词将会消失，因为几乎所有的公司都是电子商务公司了，这就是我们的未来。"现如今，电子商务对每个人来说都不再是陌生词汇，网络已然使得消费方式和生活方式发生了大变革，网购成为消费的主流趋势，正如那句话，一切皆可电子商务。

　　如何在互联网时代下"野蛮生长"，是每个行业、每个企业都在考虑的共同话题。传统行业转投互联网思维、纷纷"触网"，电商独立品牌强势登陆，商场如战场，日趋激烈的竞争让各个行业都或被动或主动地加入了电商大军。互联网的浪潮带来了颠覆，也带来了历史机遇，是被浪潮击退，还是适应改变、抓住机遇，全在于你自己。

本书写给想要抓住机遇却苦无头绪的网店创业者，以及由传统行业转型电商的从业人员，是一本电商常识普及读本。全书在解读电商行业现状的基础上，介绍了创立店铺的方法和操作步骤，包括初期的寻找货源与商品定位、店铺的设计与装修、图片的拍摄与美化、售后的仓储与物流，以及后期的店铺推广、管理与运营，并对微店这一新型网店进行了全面介绍。

对于新手来说，如何入门最为关键，本书完全为新手服务，内容全面但结构简单、清晰，步骤细化，并配以图片解说操作，是一本真正适合零基础读者，读得懂、学得会、用得上的电商实践指南。

目录
Contents

第三章　电商常识店铺篇：设计 + 装修

第四章　电商常识图片篇：拍摄＋美化

第七章　电商常识运营篇：管理＋维护

第八章　电商常识安全篇：警惕 + 识别

第一章

电商常识概念篇：

实谈电子商务

如果说 20 世纪 90 年代，电子商务对于国人来讲还是个陌生的词汇，那么在 2016 年的今天，也许没有人不知道"电子商务"这样一个响亮的字眼儿，电子商务已经成为互联网时代的大趋势。

一、电子商务的定义及其基本模式

曾经习惯了在商场中购物的人们，如今绝大多数都体会过电子商务带来的便利；那些拥有实体店铺的商家，也在电子商务的巨大冲击下不得不在网络上为自己开辟一个全新的销售渠道；即使从未开过店的人，也萌生出想要在电子商务中分一杯羹的想法。

然而，究竟什么是电子商务，除了那些专业人士以外，似乎没有人能说出一个准确的定义。甚至那些在电子商务中打拼多年的资深卖家，也很难说出一个所以然。但是所谓"知己知彼，百战不殆"，想要在电子商务中开辟出一片完全属于自己的天地，就要对有关电子商务的知识了如指掌。

从专业的角度来说，电子商务是以信息网络技术为手段，以商品交换为中心的商务活动。而最通俗易懂的说法，电子商务可以理解为是在互联网上，以电子交易方式进行商品和服务的交换与买卖。

可以说，电子商务完全打破了传统的商业模式，买卖双方无须像从前那样必须面对面地交流，亲自触摸产品的质感，只需要在网络上就可以实现商品与服务之间的贸易活动，并且以电子交易的方式进行支付，这也就是俗称的"网上购物"。

当然，电子商务绝不仅仅是个人与个人之间的网络交易那么简单，它同时涵盖了商户之间、企业之间的商务活动、交易活动，甚至金融活动。按照各国政府、企业界人士根据自己的身份以及对电子商务参与的角度和程度的不同，电子商务也被赋予了许多不同的定义。不过，无论是被怎样定义，电子商务通常被分为以下几个模式。

（一）B2B 模式

B2B 模式，有时，人们也将这一模式称作"BTB 模式"，也就是 Business-to-Business 的首字母缩写及谐音，中文含义就是企业与企业之间的营销关系，也就是说，买卖双方都是商家，他们通过互联网技术或者各种商务网络平台，完成商务交易。这一模式看似涵盖面很小，可是却有着极其广泛的内容。

例如，零售商通过互联网向自己的上一级批发商进货，在网络上完成下单和支付业务，批发商通过物流将货品发送到零售商手中，这就是两家企业的商品 B2B 交易模式。

当然，企业间不仅仅只有已经制作完毕的商品间的交易，也有可能是买家企业向制造企业发出制作订单，并通过电子方式进行支付，制造企业按照买家企业的订单要求制作生产，再将最终制作的成品通过物流发送到买家企业手中。

还有另外一种 B2B 的模式是企业之间通过电子商务进行的服务交换，物流服务就是最典型的一种。企业通过网络向物流公司下单申请提供服务，并通过电子方式进行支付，而物流公司按照企业的订单要求，将物品运送到指定地点或指定收货人手中，即完成了电子商务服务的交易模块。

目前最典型的 B2B 电子商务平台，包括阿里巴巴、聪慧网等，如果再仔细划分，按照服务对象，B2B 模式还分为外贸 B2B 和内贸 B2B（如敦煌进货港）；如果按照行业性质，还可以划分为综合 B2B 和垂直 B2B。

（二）B2C 模式

B2C 模式，可以说是日常网络消费中最常见的一种模式，也就是 Business-to-Consumer 的开头字母缩写及谐音，即企业对消费者之间的电子商务模式。

如果对这一模式进行细分，就会发现，每一种 B2C 模式都离我们的生活非常近。

1. 综合商城

如果说"综合商城"四个字还是一个比较模糊的概念，那么只要是曾经在网络上有购物经验的消费者，对"天猫商城"一定不会感到陌生。天猫商城就是这样一座网络上的综合商城，它为买卖双方提供了稳定的网站平台，以及完备的支付体系，还有必不可少的安全体系。其实网络综合商城和传统的商场有些类似，它自己并不卖东西，而是吸引商家在这里开店，吸引消费者来这里买东西，综合商城负责的只是提供一套完整的销售配套。

既然可以叫作商城，里面一定要有许多家店铺，无论是服饰、化妆品、鞋帽、家具、生活用品，还是家用电器，只要消费者想要购买的东西，在网络综合商城中都可以买到。网络商城里面销售的物品种类甚至比传统商场中更加丰富。

2. 百货商店

与综合商城不同，所谓店，也就是只有一个卖家，就是百货商店自己。虽然百货商店里面销售的品种同样非常丰富，但是都来自百货商店的自有仓库，甚至还有属于百货商店自己的品牌，例如沃尔玛、屈臣氏等，都属于这样的百货商店。再比如众所周知的当当网、卓越亚马逊，都分别有着自己的库存和物流配送系统，形成了自己的品牌效应。

3. 垂直商店

这种商店的产品都有着一定的相似性，都是为了满足某一类人群，或者某种需要。比如麦考林，主要针对 18~25 岁的女性消费者，没有实体店面，最初是以 DM（Direct mail 的缩写，即快讯商品广告）的形式进行发放，后来逐渐转型成网店模式。再比如国美电器，专业于销售电器。它们所采取的都是专业于某一人群和某一类产品，做精做细的道路。

4. 复合品牌店

越来越多的传统品牌，随着电子商务的不断成熟，也纷纷进驻到了电商市场，为自己的品牌拓宽新的销售渠道，获取最大的利润。

比如佐丹奴，有自己的传统品牌，以及不计其数的加盟店和直销店，如今也在网络上拥有了自己的品牌形象店。这对佐丹奴来说，是开辟了一个全新的销售领域。通过在网络上的销售也让它们发现，线上和线下的消费者是完全不同的两个群体，这也让它们可以针对不同的群体制定不同的价格，既降低了库存成本，也加大了现金流的流动。与其类似的，还有李宁、百丽等线下知名品牌，都已经开辟了线上的品牌店，线下与线上的力量合二为一，让自己的品牌战略更加立体化。

5. 服务型网店

随着电子商务的日趋完善，新型的网店模式越来越多，服务型网店就是其中一种。与销售物品的网店不同，它们出售的商品是服务。比如帮人排队买电影票、帮人装修网店、提供摄影服务，甚至凭借自己丰富的网购经验，帮人在网购中砍价。这些服务型网店满足了不同消费者更加个性化的需求，也许，随着电子商务的不断发展，还会衍生出更加多种多样的服务型网店。

6. 轻型品牌店

与知名品牌不同，轻型品牌商店并不一定要有自己的工厂，只需要做出品牌，可以将生产交给大量的 OEM（即代工生产）代工厂。像凡客、梦芭莎，它们只负责做好自己专业的事情，最大化地打开品牌知名度，而将生产交给更专业的生产厂家，将推广交给专业的推广渠道，如此一来，形成了强强联合的模式。

7. 导购引擎型

这样的网站本身并不产生任何交易，而是起到导购的作用。就像商场中的导购员，引导消费者在网店中的购物更加轻松、更加快捷。这一类的网站主要靠收取中介费和佣金来生存。消费者在网上购物时，经常能够看到一个叫作"一淘"的网站界面，这就是一家典型的导购引擎型网站，只要在里面搜索想要的产品，许多同款产品或类似商品的信息就会出现在消费者面前，消费者可以更加方便地比较不同网店之间的质量与价格，从而进行购买。

8.购物分享型

这种网站既不产生交易，也不靠导购来收取佣金，是一种全新的模式，只供消费者展示自己所购买到的商品，让买家之间能够在此分享自己的购物心得。这类网站的主要关注群体是时尚的年轻群体，他们更喜欢"秀"自己，也喜欢"秀"自己买到的商品。"蘑菇街"与"美丽说"就是这样的分享型网站，买家之间不仅可以互相点评彼此买到的商品，还可以互相影响和刺激彼此的购买欲望，让购物变得更加有趣味性。然而随着电子商务的不断发展，许多分享型网站也可以完成商品的在线交易。

下表是上述 8 种 B2C 网店模式各自的优劣比较：

B2C 网店模式特征一览表

网店模式	优势	劣势
综合商城	1.不受时间、地点限制，随时可以进行商品的买卖； 2.商品信息更加全面，比传统商店商品更加丰富； 3.客户不受地域限制，可以发展世界各地的客户； 4.节省店租成本，商品价格比传统商店更低廉； 5.网络商城专业人员负责维系网络平台的稳定； 6.各类信息统计更加精准，方便查阅。	1.只能通过卖家描述去感受商品，无法看到和触摸到； 2.假冒伪劣产品会对正规产品产生一定冲击。
百货商店	1.更快速地消耗库存； 2.自身信誉高； 3.节省员工成本； 4.更好地平衡单价与利润。	1.顾客在不同商店之间更易进行价格对比，选择价格低廉的商店； 2.食品类商品物流配送有时效性与距离的限制； 3.实体店的距离优势会对网店产生冲击。
垂直商店	现金回流快，更多品牌商愿意与之合作。	不易平衡单价与利润之间的关系。

续表

复合品牌店	1.结合实体店与网店双重优势，消费者既可以通过试穿感知产品，又可以享受网上促销与折扣； 2.更加单一和明确，服务更加周到； 3.品牌有一定知名度。	品牌单一。
服务型网店	进货成本低。	人力成本较大。
轻型品牌店	分散管理，专人专职。	品牌宣传压力大。
导购引擎型	无须提供交易支付平台，风险低。	很难囊括所有卖家，容易有遗漏。
购物分享型	趣味性大、更吸引年轻时尚消费人群。	对卖家约束小，产品质量难以把控。

（三）C2C 模式

越来越多的人希望在蒸蒸日上的电子商务行业中成为网络店主，因此也就衍生出了电子商务 C2C 模式，也就是 Customer-to-Customer 的首字母缩写及谐音，即个人对个人的电子商务模式。当某个消费者有某种物品需要出售，通过网络将商品销售给另一名消费者，就完成了一次 C2C 电子商务。

众所周知的淘宝网就是这样一个 C2C 销售平台，与其类似的还有拍拍网、易趣网等网站。当然，C2C 同样不仅仅局限于消费者之间的物品交易，比如一位消费者想将自己闲置的房子出租，可以通过网络平台发布出租信息，另一位消费者通过同样的渠道看到信息，双方通过网络完成交易，也同样完成了一次 C2C 电子商务的过程。

以上三种模式，是电子商务中最常见的三种模式，随着电子商务的不断发展和衍生，同时还有 B2M、M2C、B2A（B2G）、C2A（C2G）、O2O、ABC 等多种模式，在此就不多做赘述。

二、网购为什么会如此风靡

今天，如果你上网时还依然停留在只会聊天阶段，那不得不说，你已经彻底落伍了。如果对百姓上网的主要目的进行一个分类，我们会惊奇地发现，上网购物竟然排在所有行为中的第一位，其次分别是看网页、网络游戏，而上网聊天竟然排在了最后。

如今已经几乎进入了全民电商时代。如果将上网的几种目的与市场营销学中的马斯洛需求理论联系起来的话，结合下图，我们不难发现，人们已经摆脱了上网聊天这一最低需求，而是上升到了"购物"这一"自我实现"的层次。

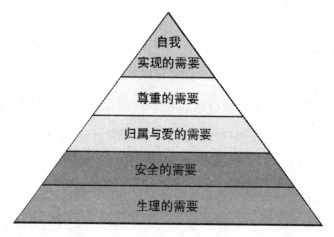

马斯洛的需要层次理论示意图

从电子商务诞生的那一刻，中国的商家与消费者从最初的怀疑、试探，到后来的接受、习惯，甚至到如今，已经离不开电子商务带来的便利。可以说，在如今这个信息发达的时代，电子商务有着独一无二的价值。消费者在网上购物，网上支付，节约了大量时间，足不出户就能享受到购物的乐趣和便捷，而卖家受到的制约条件也变得更少。

之所以能够让消费者在不能亲眼看到并触摸到商品的前提下，就敢放心大胆地在网上消费，主要还有以下几种原因：

1. 丰富的产品介绍与细节图片

虽然无法亲眼见到网络上销售的产品，但网店中往往为销售的每一款产品都配上详尽的文字介绍，以及丰富的细节图片，甚至详细到衣服的缝线、鞋子的重量、工艺品的制作工艺，等等。只要看到细节图片，消费者就可以根据自己日常购物的经验判断出产品的质地与质量，可以更加放心大胆地进行购买。

2. 产品质量与售后服务有保障

如今的网络商城也对卖家有着更多的限制，例如淘宝网，要求卖家必须对消费者提供七天无条件免费退换的承诺，无论消费者是不喜欢自己购买的商品，还是商品本身有质量问题，都可以在收到商品的七天之内将商品退换掉，如图。这就促使网店卖家不能以次充好，并且提供更加完善和人性的售后服务。

3. 参考其他买家评价

在许多网络商城和网上百货里面，每一件被售出的商品都能够得到来自买家的评价与评分，其他消费者在购买商品之前，可以一目了然地看到其他买家的评价，为自己购买商品提供一份参考，从而避免了购买到劣质商品的风险。例如淘宝网、京东商城等网络销售平台为每件商品都开辟出买家评价专区。与传统店面销售相比，不得不说这是一个极大的优势。因为在传统店面中购物，消费者无法知道其他消费者对产品和店面的评价以及满意度，而在网店中，很容易就可以了解到店家的口碑。

4. 与卖家交流便捷

相信很多人在实体店中都有过类似的购物经验，店员对顾客爱答不理，或者当消费者看上一件商品时，想要询问与商品有关的更多细节，销售人员无法详尽地予以解答，这都影响了消费者对商品的购买欲望。

而网店则很好地避免了这样的情况，大多数网络商店都有专业的交流系统与专业的客服人员。消费者只要点开交流页面，即可与客服人员顺畅地交流。每一位客服人员在与买家交流时都有着极其礼貌的态度，消费者的每个问题在这里都能得到专业、耐心的解答。更专业一些的网店还配有专门的售后人员，当消费者对所购买到的产品不满意，有退换货的需求时，都能得到专业售后人员的及时解决。

这样的沟通方式，不仅为买家提供了便捷，也为卖家与顾客之间的交流提供了隐藏情绪的屏障。即使卖家在销售过程中对顾客失去耐心，也不会在文字沟通中显现出来，买家所能看到的依然是卖家充满礼貌的耐心解答的话语，这样，就不会使卖家轻易损失掉一名有购买意向的顾客。

5. 丰富的网络页面更容易吸引顾客

消费者在逛街购物时，只能看到实体店的外观以及少部分陈列商品，如果是提供服务类商品的实体店，更难以引起消费者的注意。而网店美观丰富的页面，可以将更丰富的商品直接陈列在消费者眼前，让消费者有更多选择，刺激消费者的购买欲望。服务类网店也可以将自己的服务以文字和图片的方式直观地展现在消费者面前，节省消费者的选择时间，甚至还可以将自己的商品和服务拍摄成视频的形式展现在网店页面上，让消费者更加一目了然。

这些仅仅是在日常网络购物中能够感受到网络购物的优势，从更加深入的角度分析，未来的电子商务将有着更加发展的态势。电商行业专家、阿里巴巴集团总参谋长曾鸣认为，电子商务在未来一定会进入 C2B 模式，是由消费者引导，而不是全部受厂家来驱动。消费者是真正的导向，才能让电子商务的营销更加个性化，物流模式更加社会化。所谓以人为本的商业模式，就是未来电子商务的真正发展趋势。

三、与实体店相比，网店的优势在哪里

在互联网蓬勃发展的时代，网店自然成为了必不可少的衍生产物。对于一些想要成为店主，却无法承担更多成本的人来说，网店无疑是一种投入最小、经营方式最灵活的创业方式。与传统实体店相比，网店的优势非常多。

1. 商家成本低

如果开一间传统店面或公司，首先需要考虑房租、装修费、水电费、商品成本、员工工资等多方面成本，如此一来，对一名店主的资金数量要求很高。同时，由于各项费用的支出，商品的利润就显得十分微薄，商品的价格也很难下降。

电子商务就为想要开店的个人或企业提供了更加便利的条件，最先体现出来的就是节约了店租和装修费用，这在开店中是非常大的一块支出。如此一来，商品的利润就可以上升，也给了消费者更多打折和降价的空间，从价格上更有优势，吸引更多的消费者。

比如佐丹奴、艾格等知名服装品牌，线上旗舰店的价格往往比线下低一些，促销内容也更加丰富，各种让人目不暇接的优惠政策总是让消费者忍不住将更多的商品放进购物车。

2. 顾客受众范围更广

传统店面的消费群体主要针对店面附近的居民，以及从店面门口经过的客流，较大范围也不过是与店家共同生活在一个城市的消费者。而网店的受众则更广，只要懂得上网的消费者，便有机会进入网店浏览、购物；不仅可以跨域城市，甚至可以将顾客延伸到不同国家，世界各地的消费者都有可能成为网店的顾客。

3. 零经验也可开店

在开实体店之前，每位店主最担忧的问题之一是自己开店的经验是否足够，一旦遇到无法处理的情况，大量资金便有着付诸东流的危险。而网店恰好将这样的问题弱化掉，只需要接通网络，将产品图片传送到自己的网店上，即可等待网络买家上门，在开店过程中慢慢积累经验。由于没有房租等压力，即使最初订单少也不会有太大压力。

4. 风险小

店主无须担忧失窃、失火，或者水淹等实体店最担心遇到的情况。正规的网上商城也为店家提供了稳定的支付平台和安全的支付系统，不用担心无法收到货款。只要通过正规的网络平台进行支付，就不用担心网络骗子的欺骗。

5. 节省人力成本

开一间实体店，需要面临的除了房租和商品成本等资金问题以外，另外非常重要的一环就是要聘请足够的人力资源。需要有人负责进货、陈列、销售、管理，甚至卫生清洁工作，当工作较多时，可能全体员工都要忙到很晚才能下班，店主本人也要消耗极大的体力和精力。而网店只需要聘请一些与顾客进行网上交流的客服人员即可，如果创业初期，店主本人即可应付这样的工作。除此之外，店主需要做的只是进货以后，将所有的商品分好类，将所销售的商品拍好照片，上传到店铺，再进行一些宣传工作，就可以坐等顾客上门。相比于实体店，简直轻松不少。如果店主本人还有其他比较轻松的工作，还可以同时应付网店的生意，一举两得。

6. 经营工具更多样化

专业的网络平台为网店店主们提供了更加完善的网店管理工具，从与顾客之间的交流，到完成交易时的支付，从店内的营销，到店外的推广，每一个工具都能为店主的产品销售与品牌推广提供最大的便利。可以通过这些专业的工具为自己的店面进行促销，也可以利用工具提升店面的点击率和关注度。并且，专业的数据分析工具还能帮助网店店主分析顾客的年龄、喜好，从而改善自己的产品，更可以对自己的销售数据进行直观的掌控。

7. 信息更丰富

这是网店与传统商店相比最大的优势之一。在实体店中消费的顾客，一般不会留下自己的姓名和联系方式，如果实体店想要在指定顾客之间做宣传，无异于大海捞针。而网店则不同，每一位在网店购买商品的顾客都会留下自己的姓名和联系方式，卖家可以将这些宝贵的信息收集整理起来，作为自己宣传的主要途径之一。只要是店面发生了任何变动，比如新货上市、促销折扣等，都可以通过这些联系方式，将信息发布到指定的人群中去，让自己的宣传更加有影响力，营销效果更加彻底。

同时，还可以根据顾客留下的基本信息进行回访，提供更加完善的售后服务，为网店赢得更加优秀的口碑。

四、说说电子商务的未来之路

自从人们第一次对"电子商务"这个概念有了接触，大多数人首先感到的并不是兴奋，而是担忧。或许在第一次网络购物之前，每个人都会疑惑：网络上的产品究竟可不可靠？不能亲眼见到、亲自触摸到的商品质量是否过关？网络上的图片是否真实？

如果说这些是人们对电子商务最初的疑虑，那么随着网购的日益发展，如今的消费者对网购的担心已经超越了这个最原始的范畴，上升到了"网购的模式和商品是否能满足自己的个性化需求"这一方面。

作为一项日益发展壮大的产业，电子商务也随着时代的发展和消费者需求的不断提升，与时俱进着。未来的电子商务，发展形势也在朝着一个乐观的态势前进：

1. 电子商务发展环境更加完善

目前的中国正向着信息化社会迈进，如果将信息社会的进程分为起步期、转型期、初级阶段、中级阶段、高级阶段五个阶段，中国究竟处于怎样的阶段呢？这里需要引入一个概念"信息社会指数"，即 ISI。这一指数从信息量、信息装备率、通信主体水平、信息系数四个方面来测量不同社会阶段、不同国家或地区的信息化发展程度。按照这一指标进行衡量，中国的 ISI 值处在 0.4 左右，也就是说，中国正处于从工业社会向信息社会过渡的加速转型期。

像德国这样的一些欧洲发达国家，ISI 指数已经可以达到 0.8~0.9 之间，已经处于了信息社会的中级发展阶段。这个消息对于中国来说并非坏事，反而证明了中国的电子商务还有着相当大的发展空间，网络基础设施未来的趋势将会比目前更加完善，主要的信息技术产品将会加速扩散，整个电子商务的发展环境也会更加完善。

2. 网络消费者数量将巨幅增长

中国是目前世界上人口排名第一位的国家，与之相对应的是，中国的网民在世界上也处于第一位。这一数据从 2008 年开始，一直延续到现在。截至 2015 年，中国的网民已经达到七亿之多，也就是说，每两个人中，就有一个是网民，占到国民人口的 50% 左右。而这个数字并不是中国网民的巅峰，从长远的眼光来看，中国网民的数量还有着巨幅的增长空间。未来几年之内，这个数字将持续增长，网民的普及率很有可能达到 80% 以上。可以想象一下，如果中国的网民数量达到 11 亿，那么电子商务的空间将会扩大多少倍？

截至 2014 年年底，中国网络购物的用户已经接近四亿，其中大部分都是年轻人，并且已经习惯了在网上购物，即使偶尔会逛实体店，也很少产生购买行为，只是将商品拍下图片，参考价格，然后再到网上购买。

3. 移动网上购物更加发达

从 2006 年开始，中国的手机用户已经达到了四亿，从这一年开始，中国手机用户的数量每年都几乎有一个亿以上的增长量。截至 2014 年年底，中国的手机用户数量已经达到 12.86 亿。可以说，如今的中国人，离开手机几乎没法生活、没法工作。而随着智能手机的出现与普及，通过手机客户端进行网络购物也已经呈现出蓬勃发展的态势。在一些欧洲发达国家，手机普及率已经达到100%以上，而中国的手机普及率目前还不足90%。按照中国的人口数量，中国手机在未来依然有着极大的普及空间，这也为我国移动网上购物提供了更大的发展空间。

4. 网络交易额翻倍增长

与传统企业相比，电商企业在促销方面有着更多的奇思妙想。2012年11月11日，也就是"光棍节"当天，阿里巴巴网上一天的销售额就达到了191亿元。2012年全年的电子商务交易额已经达到了7.85万亿元，比2010年的交易额整整翻了一番。而截至2014年年底，电子商务的交易额已经接近18万亿元，这样的发展速度简直可以用迅猛来形容。预计到2020年，网络零售商占全国商品零售总额的比重可以达到16%，这对传统商场可以说是一个不小的冲击，未来的中国很有可能上演网络购物取代商场购物戏码。

5. 所有企业都将成为电商

目前，已经开通了网上商店的企业已经尝到了电子商务带来的甜头，国际与国内许多知名品牌大多已经在网络上有了自己的品牌专营店。对于一些知名度稍弱的品牌，也在酝酿为自己的产品在网络上打开另一条销售渠道。这样，就可以面向来自世界各地的消费群体，不仅是企业，越来越多的个人也加入到网络销售中，变成电子商务大军中的一员。

6. 大数据的应用

大量的电子商务顾客行为数据即将充分产生它的价值，这也将成为一家电子商务企业盈利的最高级模式。在电子商务多年的运营过程中，每一个商家都积累并过滤了大量有价值的顾客行为数据，经过对这些数据的分析，电子商务企业可以做出正确的决策。数据在不断升级，数据的价值也在不断升级，大数据的价值就将得到充分体现。

五、网店经营者的从业资格

开网店不能只凭一时冲动，虽然各行各业的网店店主如雨后春笋般不断涌现，许多人在林林总总的商品之间找到了最适合自己的产品和定位，然而，想要经营一家成功的网店，一定要对电子商务行业的发展规律进行了解，利用这些规律做好职业规划，选择适合自己的电子商务平台，同时还要充分利用自身优势。

无论选择任何行业，在做好自己的网店职业规划之前，都要对开网店必备的条件进行一定了解。

1. 调整好从业心态

调整好从业心态，就在网店的经营路上迈出了成功的第一步。心态影响判断，无论是初入电商的新人，还是在电子商务行业打拼多年并已经获得一定成绩的资深卖家，想要获得成功的先决条件，就是调整好从业心态。

（1）学会"三心"

这里所说的"三心"，并不是"三心二意"，而是开网店必备的三种心态，有了这三种心态，无论遇到顺境还是逆境，都可以让你保持清醒的头脑，冷静地分析，成功指日可待。

①童心

所谓"童心"，就是对任何事情都保持一定的兴趣，尤其是在学习方面。无论选择任何一家电子商务平台，都会面临平台的更新和新工具的出现，这就要求网店经营者时刻学习新的知识，将学习当作一种工作习惯。

同时，还要对外面的世界保持兴趣，这其中也包括关注别人的网店。世界上有哪些流行趋势，别人的网店都在怎样经营，取长补短，时刻做足准备，才能抓住一切稍纵即逝的赚钱机会。

②成熟的心

从事网店经营，只有"兴趣"还远远不够，还要有着成熟的工作心态。一个全新的尝试，注定要有一个艰难的过程。只有挺过最初的难关，才能渐入佳境。要对所有要做的工作进行现实的计划，也要对工作中有可能发生的问题进行提前预计。

在工作时列出一份详细的计划表，每一个环节、每一个步骤、每一个时间点都按照计划中所列举的那样去完成。遇到困难时，适当给自己一些压力，你会发现自己的潜力远不止于此。

除了按照计划完成工作，还要在工作时充分发挥自己的想象力和激情，时刻问问自己，是不是还可以做得更好，在工作中形成自己的风格，才能打动自己的顾客。

③别人的心

这个标题让人乍一看有些迷茫，其实，所谓"别人的心"，就是懂得借助他人的力量，将自己的心扉打开，倾听来自各方面的意见，借助一切可以借助的力量。如果是进行团队合作，就要懂得与团队中的其他成员进行沟通，善于发现每一位成员的优点，将每个人的力量绑在一起，爆发出更大的合力。

（2）"四心"原则

①耐心

不要把开网店当作一场游戏，开店的过程中虽然能够获得一定乐趣，但是也会经历一些枯燥的过程。尤其对新开的网店来说，开店初期光顾的顾客一定不会很多，这时，要求卖家在守得住寂寞的同时，还要懂得想办法拓宽自己的销路，通过学习去改进自己的经营手段，将学习到的知识完美地利用起来。

②责任心

对每一位顾客负责，就是对自己负责。这是每一位网店店主都要掌握的基本原则。要不厌其烦地解答买家提出的每一个问题，对买家的每一个售后问题都给予妥善的解决，重视每一个买家的评价、反馈和建议，这样才能在买家中建立起自己的口碑，提升网店的信誉，争取更多的顾客。

③信心

每一间新店都是从零信誉做起，短时间内可能并不会有顾客光顾。这种状况也许持续一天，也许持续一星期，甚至可能持续一个月。这时候，一定不要放弃，要用信心建立起乐观的心态。否则，一旦信心丧失，很快就会对自己从事的事业感到怀疑，也注定不会成功，甚至半途而废。

④平常心

开网店的目的是赚钱，但不要把"发大财"当作最终目的，可以先把它当成对自己的一种锻炼，为自己制定一个小小的目标，一旦目标达成，会发现对自己是一个不小的激励，只有这样，才有机会制定更大的目标。不要打算"一口吃个胖子"，否则会挫伤自信心。更不要把网店当成一种负担，而是一种每天都让自己牵挂的乐趣。

2. 随时更新电子商务知识与信息

俗话说，"干一行，爱一行"。既然决定从事网店经营，就要掌握电子商务的基础知识，并对电子商务知识和信息随时进行更新。

（1）掌握运营知识

如果进行细分，运营知识还包括电子商务的技术、店铺和品牌的管理等。随着时代的发展，电子商务的技术与影响方式在不断进行刷新，只有时刻更新自己的知识储备，与业内资深人士保持交流，才能为自己的网店发现新的机遇。

（2）掌握产品知识

要对自己所经营的产品了如指掌，例如产品的材质、款式、工艺技术等。将商品与品牌的特性进行紧密结合，发挥自己的创新能力，为自己的产品打开一条广阔的销售渠道。

3. 慎重选择行业和产品

开网店的门槛并不高，每个人都想在网络中捞取自己的第一桶金。尤其是看到许多在网店中获得成功的店主，更是让许多人萌生了放弃打工、自己创业的想法。然而，"做什么"是许多创业之初的人们面临的第一个问题，也是最大的一个难题。

（1）正确评估自己

在创业之前，一定要对自己进行一次全面的评估。你是否了解电子商务的知识，是否会对这些知识加以运用？你有多少创业资本？能够经得起多大的失败风险？你的心理是否强大，能否受得了失败的挫折？你是否懂得对身边的资源加以利用，是否能处理好与团队中每个成员的关系？

简单来说，这份评估就是要让自己知道，你开网店的优势在哪里。要理性地看待开网店这一决定，否则，很可能在茫茫的电商海洋中被淹没。

（2）正确评估行业和商品

这就回到了"做什么"这个问题。如今，只要在网上进行搜索，就可以发现任何一个行业、任何一个品类都已经有人在进行销售、经营。在五花八门的网店中，只有你想不到的，没有你找不到的。

因此，选择一个什么行业、销售什么产品，是要谨慎考虑的重中之重。首先，可以结合自己的兴趣或资源优势。如果店主是个爱美的女孩，对时尚了如指掌，也有着一定的审美，那么，可能首先考虑的是服饰、化妆品等行业；如果店主是一名 IT 精英，可能会考虑经营电子产品或软件产品；如果店主家里有一片很大的果园或菜地，则可能会考虑经营农产品。

并不是别人做了你就不可以做，关键是结合自身的优势，将网店做出一定的特色，在激烈的竞争中做出自己的风格。

4. 学会合理的工作方法

无论网店中只有店主一名工作人员，还是手底下有若干员工，学会合理的工作方法都能起到事半功倍的效果。尤其是想要把网店做大、做强，就需要一整个团队来配合。

（1）提升工作效率

懂得发挥每个成员在各自岗位上的作用。有时候，单独一个成员的工作效率落后，会影响整个团队的工作进度，自然也就限制了整个店铺的发展进度。这就要求店主对每个工作岗位都有一定的了解，选择最适合这个岗位的员工。

（2）懂得团队配合

首先就要了解"团队"的概念。同样是一群人一起做一件事，能够进行合理分工，每个人都朝着一个方向努力，井然有序地完成事情的每个环节，这样的一群人就是团队；而如果每个人只顾做自己的事情，丝毫不顾及别人的进展，不借鉴其他成员的强项，不帮助其他成员的弱项，这样的一群人不能称之为"团队"。

开网店也面临同样的问题。开网店绝不仅仅是进货、卖货那么简单。除了寻找到合适、稳定的货源，还要制定出适合的价格，对产品照片进行拍摄和美化，并上传到店铺，对产品进行打包、配送、盘点，还要根据市场上最新的动态进行宣传，对顾客进行拉拢和维护，管理公司日常账目，这一切的工作绝不是一个人能完成的，这就需要整个团队的配合。如果能够妥善处理团队成员间的分工，就可以产生合力，推动着网店向前发展，否则，只能起到拖后腿的作用。

这就要求网店店主为团队成员制定完善的工作流程，每个人都按照流程照章办事；也要培养出团队成员互帮互助的意识，当团队成员出现分歧时，以公平的心态找出问题的根源，妥善地解决。

第二章
电商常识商品篇：
定位 + 货源

找好货源是"触网"成功的第一步。想要开店，

你得知道：开网店，卖什么最赚钱，产品要卖给谁，

去哪儿寻找好货源。有准备，才有打造出热销产品

的机会。

一、什么样的产品，有热卖品的潜力

选择大于努力，方向重于速度。走好"触网"第一步，重在眼准手稳抓住好项目，然而投资不是赌博，项目选择不可全凭经验和运气，它需要依靠科学的分析和缜密的论证，在充分考量市场需求的基础上，结合企业实际情况，将优势资源以最低的代价投入到收益率最高的项目中去，规避风险、高效获利，使企业在互联网"快时代"中迅速成长，抢占先机。

当前，我国电子商务发展正在进入密集创新和高速扩张的新阶段，在电子、服饰、食品、服务等多个行业，已初步形成功能完善的业态体系，很多"触网"早的企业凭借占位优势，尝到了甜头，但电子商务市场在精准化营销和个性化服务等方面仍有巨大发展空间。结合互联网特点，开创性地研发更加符合网购者消费习惯的电商产品，将使企业在变革浪潮中获得突围契机。然而"新""奇""特"并不是新产品的核心属性，剑走偏锋往往伴随着高风险，只有经得住市场考验的产品才是真正的佳品。那么，好产品需要具备哪些特质呢？在下表中进行了一些列举：

理想产品的市场特征一览表

序号	理想产品的特点	衡量参考的指标或特征	优势
1	销售潜力大。	市场规模、生命周期、销售额、增长率。	盈利空间大。
2	同类产品少、竞争小。	竞争企业数量、竞品数量。	避免价格战。
3	进入市场早。	产品营销占优势。	先入为主，抢占先机。
4	可以产生规模经济。	经验曲线、成本销售分析图表。	节约成本。
5	投资较少。	投入的资金、其他资源。	门槛低、风险小。
6	回报率高。	投资回收期、投资回报率。	确保利润。
7	风险小。	财产风险、人身风险、责任风险、信用风险。	控制风险。
8	供应商控制能力强。	企业资源优势、渠道优势、货源优势。	以较低的成本获得生产原料，控制成本。

基于电子商务平台的特殊性，电商"好产品"还具备以下要素：

1. 适应长途运输及配送

电商产品大多面向全国市场，这就需要考虑到长途运输的问题，因此产品本身需要适宜运输及配送。体积适中、抗挤压、性状稳定的产品更适合做电商产品。相反，很多产品由于对运输条件要求苛刻，运输成本就会比较高。比如，体积庞大的大型家具、极易破碎的玻璃制品、对温度要求较高的生鲜食品、保质期较短的果蔬产品等。在物流配送方面，京东商城是个例外，它的商务运行建立在强大的配送布局之上，拥有自己的物流配送体系，可以在一定程度上减小运输对产品属性的限制。

商品的配送属性对电商企业来说有着特殊的意义。我国网民飞速增加的区域，正是较为偏远、道路交通不发达的小城镇。这一块市场的开发，需要产品有更强的适应性去克服复杂的运输环境，减少配送过程中可能造成的损坏。而那些易碎、超大件物品的产品在电商环境中运行，必将受运输成本限制而放弃部分市场。

因此，选择适合远程运输、体积较小、性质稳定、不易损坏的产品开展电子商务，有着天然的优势，这将对降低运营成本、提高工作效率起到至关重要的作用。

2. 市面少见、价格参照性弱

企业的本质是追求利润，那些利润过低、价格过于透明的产品并不十分适合做电子商务。

大众产品、民生类日常消费品，因为同类可比较的商品在生活中随处可见，所以不太适宜开展电子商务。大众日常消费的粮油果蔬，在市场上能轻易查询到价格，且不同地区间价格差异很大，这样的产品也不适合在电子商务模式中操作。

而一些行业的细分产品、传统市场不多见的个性产品，由于可参照性较弱，产品价格不透明，这样的产品可以实现较大的利润，又由于电商面对的是全国市场，辐射面大，个性化产品仍有很大生存空间，这样的产品更适合电子商务发展模式。

此类商品包括风格女装、订制产品、工艺品、成人保健品等。

3. 产品直观，容易判断品质

电商平台的特性决定了电子产品在销售时，会不可避免地存在功能上的缺失。人们传统的购买习惯是与产品实物"面对面"，看样式、摸手感、试功能，体验效果。而电商产品只能通过图片信息和文字描述来感知产品，这种空间上的隔绝会让顾客对产品产生不信任感。由于展现产品的方式有限，图片拍摄仅仅能从视觉上展现产品属性，而这往往会给消费者带来盲点和误区，比如，色差问题、尺寸问题以及手感问题，等等。很多人在收到实际产品时会埋怨实物跟网上看到的并不一样，衣料差、色差大、尺寸也不合身等，这些误差可能并不是卖家故意为之，但差评无疑会影响顾客的二次购买率甚至店铺信誉，吓走准备购买的顾客。我们相信，好的评价只能影响十个人，而差的评价会影响100个人，甚至更多人。坏的评判和争议更具传播生命力。

4.品牌认可度高

价格参照性弱的产品，有较大利润操作空间，而从消费者购买心理角度来看，同品牌商品，具有价格优势的电商产品更能激发起人们的购买欲。女装品牌"优衣库"，线下实体店商品明码标价，在消费者心中形成既定的印象，由于网络商城节约了店租、库存、店员开支等费用，运营成本大大减少，使其具有足够的让利空间，能够以更低的价格在电商平台销售。品牌相同、质量相同，网络旗舰店的商品具有明显的价格优势：一件女士羽绒服，在网上购买就能比在店里买省下100元钱，这不是年节促销或者尾货打折，而是每天都可以享受到的实实在在的优惠，这样的价格差本身就是一个极具吸引力的卖点，能够极大激发起人们的购买热情。

因此，在电子商务选择项目时，要尽量选择功能直观、品质容易判断的产品，最好是通过视觉展示或性能指标就能展示产品性能的，如果实在不能避免，就要拓展服务功能、开发好的用户体验模式来弥补。从目前的电商市场来看，"增强用户体验"仍是电子商务最重要的工作之一。没有好的体验，就不会有好的市场。

以上四点就是电商在选择项目时需要考虑的问题。电子商务的发展是大势所趋，是新时代的机遇，但是融入时代潮流还需了解规律，顺势而动。拥有变革创新的决心之后，接下来的任务就是脚踏实地，研究探索切实可行的方法。不是所有的行业都能适应电商环境，这需要我们用理性的头脑去判断。没有任何一个方法是放之四海而皆准的，这需要我们用智慧和勇气去发现和改变。

（一）80% 的好友都在卖面膜？——面膜如何从小众变身大众

如今只要打开朋友圈，马上就会有少则十几条，多则几十条的广告扑面而来，这些广告全部来自于你的朋友圈好友，或主业，或副业，似乎每个人都在卖点什么，从服饰鞋帽到小吃零食，应有尽有。如果对这些广告进行盘点，相信很多人都有同感，80% 的好友都在卖面膜。

"为什么朋友圈的人都在卖面膜？"这是许多人感兴趣的话题。微信朋友圈似乎已经变成了一个巨大的面膜与金钱之间的流通渠道，曾经身为小众产品的面膜就这样变成了一个大众化的快消产品，让许多想要自主创业的人忍不住也想"下水"试探一下。

1. 为什么面膜好卖

面膜生意为什么能做得这么大？面膜行业的未来又面临怎样的趋势？窥一斑而知全豹，通过面膜的成功，可以对网店经营者在产品的选择上起到一定帮助。

（1）庞大的女性销售群体

如今，不少明星都在微博和微信等社交网络中晒出面膜照，明星晒面膜，是一种变相的营销方式。卖面膜的不一定是年轻貌美的女性，上了年纪的大叔也可以卖。重要的不是卖面膜的人，而是利用生活方式对面膜进行有效的营销，无论是零售，还是发展代理，都可以赚取可观的利润。

据统计，朋友圈中的广告信息几乎已经占到了朋友圈状态的 1/3 左右，这其中 80% 都是卖面膜的。这个数字与微信营销的销售者和目标顾客有着直接的联系。统计数字显示，从事微商行业的，80% 是女性，而且绝大多数是家庭妇女。女性的朋友圈，大部分也以女性为主，化妆品自然是最有销路的产品之一。

官方统计数据显示，曾经在朋友圈中热销一时的"俏××"面膜，在销售高峰时，微信卖家竟然达到了两三百万人，足以见得面膜在微信营销中的受欢迎程度。

（2）由小众产品到快消产品的转变

中国人对面膜产品的消耗量，已经远远超越了韩国和其他地区。据不完全统计，有近一半的中国人都将面膜当作了日常消费品。这也彻底改变了面膜一度处于小众产品的尴尬地位。

我们现在经常听到的一句话，就是"我的面膜用完了"。听上去和牙膏用完了、洗发水用完了差不多，这足以证明，面膜已经正式成为了快消产品。一盒产品的数量并不多，最多也就是 5 到 10 片，甚至比酱油和醋的消耗频率都高。而与一些高端护肤品相比，面膜的尝试门槛非常低，并且护肤效果也非常明显，尤其是看到好友在朋友圈中晒出使用面膜前和使用后的照片，更加能激发起人们的从众心理，面膜也就这样被普及开来。

目前，市面上大大小小的面膜品牌已经达到了三百多个，并且还有着更大的发展趋势，每年的增长率还将达到 30% 左右。

2. 面膜的成功与失败

（1）河 × 面膜——利用顾客口碑激发从众心理

"河 × 面膜"就是利用朋友圈成功销售面膜的代表之一。创始人王鹏辉曾经对护肤品一无所知，当决定创立"河 × 面膜"品牌之后，他无论走到哪里都带着面膜，还经常在朋友圈中晒出自己的面膜照，成功地引起了大众关注。

他非常懂得媒体的宣传力量，凭借对科技实践的犀利评论，在新浪微博中吸引了七万粉丝。他在微博中将自己收到的每一笔款项都进行截图展示，很多人看到每天都有进账，心里就开始跃跃欲试了。

当"河 × 面膜"面世后，小米手机的营销方式给了王鹏辉灵感，他找来了5000名用户参与体验，大多都是他微博和朋友圈中的粉丝或好友。靠这些用户在朋友圈中带动"河 × 面膜"的口碑，仅八个月，王鹏辉的面膜回款就达到千万。

（2）兼职代理——赚不回自己的面膜钱

小月是某款面膜品牌的兼职代理，有固定工作，因为平时比较注重护肤保养，看到报纸上说，别人卖面膜可以月入 50 万元，就萌生了尝试一下的想法。因为白天要工作，平时也只能在晚上有一搭没一搭地发一下自己做面膜的照片。朋友们看了之后，评论不少，可真正有购买意向的却没有几个。

就这样卖了一年，却没有真正卖出去几盒，就连自己平时用的面膜钱都没赚回来。有时候在朋友圈中频繁刷屏，还会引起好友的反感，直到现在，她也依然只是一名底层小代理。

3.面膜怎样卖才赚钱

（1）大量添加朋友圈好友

据了解，那些能够月入十万的面膜代理商，每个人手底下至少都有30人以上的线下代理商，之所以能够有如此广泛的人脉，是因为他们平时会出入一些社交场所，将任何一个可以添加的人都添加为自己的好友，还会在人群密集的地方，通过雷达搜索好友，抓住一切可以扩大好友数量的机会。好友多了，就等于有了巨大的广告受众群体，在朋友圈中随便发一条信息，都能引起不小的关注度。

（2）注重自身皮肤保养

做微商，一定要时刻记住你销售的是什么产品，充分地让产品的优势在自己身上得到体现。既然是卖面膜，就要将自己的皮肤时刻保持在最佳状态，否则，如果你的皮肤干枯、蜡黄，怎么让别人相信你卖的面膜是有效的？

（3）充分利用有效公众媒体

微博大号、微信公众号都是有效的公众媒体，所产生的影响力比微信朋友圈大许多。不过，并不是所有人都能借助这样的媒体，因为小代理商无法承担相应而来的费用。

小面膜竟然能带来如此大的商机，这说明，不要小觑任何一件商品的潜力，这并不是建议每个从事网店经营的人都去卖面膜，而是通过面膜这样一个成功案例，去发掘有潜力的产品。再小的产品背后，也可能隐藏着高额的利润空间和巨大的消费群体。

（二）80% 的网店都在卖衣服？——并非所有服装都能热卖

综观目前网络上最火的网店，80% 以上都是以服装作为主要经营品种。然而，不是每个人都能把服装生意做得风生水起，这就需要对消费者的购买心理、当前市场上的时尚流行趋势、进货渠道、自身的优势等多方面进行科学的分析，不盲目选择服装款式与品种，有的放矢，才能在网络服装销售市场站稳脚跟。

在网络上卖服装，绝不仅仅是进货、宣传、销售这么简单，并不是所有的服装都能热卖。在网络中，一线品牌也并非占据绝对优势，大众化的服装款式和特色的服装款式之间，究竟应该如何选择？相信是每位服装卖家面临的主要问题。

1. 准确定位网络目标群体

随着电子商务的快速扩张，在网上消费的人群数量与日俱增。虽然网络购物早已经不受年龄、收入和身份地位的限制，但可以肯定的是，目前在网络上购物的人群，还是以年轻人为主要群体。这就是为什么只要在电商平台上搜索服装，首先呈现在眼前的大多是适合年轻人穿的服装款式。

据统计，目前在网络上购买服装的主要年龄层集中在 20~35 岁之间，这个年龄层的人都在穿什么，是网络服装店主最应该关注的问题。

当然，并不是说 20~35 岁以外的人群不在网上购买服装，但抓住了主力消费人群的喜好，就等于抓住了现金流的主要来源。

2. 时刻掌握流行趋势

当今社会，买服装并不只是为了满足蔽体和保暖的需求。人们购买服装，更多的是为了追赶时尚，体现个性。可以说，服装行业与时尚息息相关。这就要求网络服装店主时刻掌握国内、国际的时尚流行动态，消费者，尤其是女性消费者，在购买商品时大多有着从众心态。明星们在穿什么，各大国际时装周主推的款式和色系是什么，都会成为消费者的跟风产品。

如果网络服装店主不能及时掌握这些动态，就等于输在了起跑线上，不仅落后于其他网络卖家，甚至落在了自己的目标顾客身后。网络服装店主要成为引领潮流的人，更多的时候，是你要告诉顾客目前流行什么，而不是被动地被顾客牵着走。

3. 对店铺定位进行细分

同样是卖服装，怎样让顾客在五花八门的网络服装店中搜索到你？店铺定位细分就显得尤为重要。比如，你的店铺销售女装，如果消费者在网络上搜索"女装"，会有成千上万家店铺成为你的竞争对手。而如果对店铺定位进行细分，定位成"韩版女装"，消费者搜索出来的同类竞争对手可能就会变成几千家。如果进一步进行细分，定位成"韩剧热卖韩版女装"，竞争对手可能就会减少到几百家。通过不断细分店铺定位，逐渐减少竞争对手的数量。当竞争对手减少到几十家，甚至几家，相信你的网店成交量会产生质的飞跃。

4. 不要试图取悦所有消费者

每个人都是消费者，每位消费者都有着不同的审美眼光和不同的消费能力。如果想要取悦所有消费者，可以说，这不仅很难成功，甚至是一个失败的开始。网络服装店主应该懂得对顾客进行筛选和过滤，只吸引与你销售的服装款式和价位相匹配的消费者，这样不仅有助于提高成交率，还更容易在主要目标群体中做出口碑。

5. 走差异化路线

在网络服装销售中，一线品牌并不是王道，也并不是越便宜的衣服越好卖。最终目的，是怎样让消费者觉得你卖的衣服能够穿出个性，或者是在别人那里买不到你这里销售的服装产品。

通过搜索，我们可以发现，目前网络市场上的绝大部分服装都适合那些身材好的人，而身高较矮、较高，或者较胖的人则很难买到适合自己的衣服。如此一来，网络服装店主不如另辟蹊径，在自己的网店中设立"特体专区"，或者干脆开一家适合特体人群的网络服装店，通过"与众不同"的差异化路线为自己赢得更多销量。

6. 款式好不如搭配好

很多时候，完美的搭配，比单纯的服装款式更加重要。在网店中展示的服装，不要单纯只是拍摄服装的外观和细节，要更加注重整体风格的搭配，并且选择适合的模特将服装展示出不同的韵味。

有些看似普普通通的服装，通过搭配和模特的展示，往往能够产生惊艳的效果。顾客在购买服装的同时，也会将搭配的服装和配饰一同放在购物车中，以求穿出和模特一样的完美效果。

7. 卖得多不如卖得精

不要以为店里的服装款式多，就会吸引更多的顾客。有时候，过多的服装款式反而会对顾客的选择造成困扰，甚至产生不耐烦的心理。不仅如此，过多的服装款式也会给店家造成困扰，每一个产品都要拍照展示，都要有足够的库存，有些卖得不好的款式白白占着地方，浪费人力、物力和财力。与其这样，不如精挑细选一些有特色的款式，让顾客通过少量对比就能选择到自己心仪的服装，也会给顾客一种逛精品店，而不是逛地摊的感觉。

8. 卖服装不如卖生活态度

每个女人的衣柜里都永远缺一件衣服，这说的并不是衣服不够穿，而是想要将衣服搭配得更加完美。对于大多数女性消费者而言，穿在身上的不只是一件衣服，而是自己的个性和对待生活的态度。

比如，主打的是店主亲自设计并展示的服装店。每一个服装系列都有着独特的风格和态度，比如，每一款服装都有着如同儿童手绘的图案设计，不仅是年轻人，每个人都有一颗未老的童心。穿着这样的衣服，不仅可以让自己觉得依然年轻，还可以让别人看出自己对生活的态度。

9. 切忌盲从

不是别人卖得好的款式你就一定卖得好。比如，某网络店主欣欣，在开网店之前，看到身边的人买得最多的服装单品是牛仔裤，网上许多卖家通过卖牛仔裤也赚得了可观的收入，于是她在批发市场进了一大批牛仔裤，认真地拍照上传，也请了模特做展示。可是，现实并不像她想得那样，网店开了大半年，几乎没卖出几条牛仔裤。

其实，欣欣忽略了最重要的一点，同样是牛仔裤，她的牛仔裤却少了一些吸引人的卖点。细节不够出彩，质地不够舒适，款式不够流行。虽然牛仔裤是永不过时的单品，可人们在选择时也会根据自己的特点有着这样或那样的喜好。

因此，开店之前，一定要对自己销售的服装足够了解，大到质地、面料，小到纽扣、缝线，都要花一定的心思，让消费者因为衣服上的某一个细节而买单。

二、如何给产品做市场定位

电子商务平台的产品有很强的规律性，在给产品做市场定位时，一般可从两个角度入手进行考虑：追随热点、寻求差异。

1.追随热点定位法

在电商平台，追踪热点是最常见的一种项目定位方式，它以寻找市场热点为指向，对热销产品进行排查分析，找到最适合自己的定位。这种方式风险小，收效快。但是潮流风向变幻莫测，市场竞争大，如果不能发展出核心竞争力，很难立足。追踪热点的表现主要有四种：克隆爆款、红海竞夺、跟随品牌、杂货铺类型。

（1）克隆爆款

快速追踪时下爆款，发挥强大的复制能力，用克隆产品抢占热销品市场。这种定位方式需要经营者对热销产品有敏锐的嗅觉，能够准确把握和预测消费热点的走向，能够准确锁定仍处于萌芽状态的爆款产品。然而多数爆款产品只有到发展期甚至成熟期才会被捕捉到，以至于很多卖家之争会持续到产品的衰退期。爆款产品生命周期短，由于大量复制压低成本，后续产品质量良莠不齐，很容易进入"低价之争"的泥潭。

一旦对爆款产品判断失误，往往只能草草收场。

（2）红海竞夺

在市场份额大、消费环境成熟的商业红海中竞夺一杯羹，仍是多数企业进入电商的首选。诸如服装、化妆品、家电产品等类目，虽然商家多，竞争大，但是此类红海区域消费者数量多，市场份额大，拥有巨大的利润空间。对于掌握优势资源的企业来说，竞夺电商红海是权宜之选。

（3）跟随品牌

对于设计上无法快速更新换代的产品，如 3C 数码产品、美妆产品，受行业和渠道的限制，需要跟随主流产品走向确定产品项目。同样地，以分销、一件代发等形式经营的中、小卖家受渠道和品牌限制，在经营项目的选择上，也只能跟随品牌的步伐。

（4）杂货店铺

这种店铺在选择项目时以追随爆款为导向，经营范围比较广，没有具体定位。由于经营产品种类繁杂，店铺往往没有自己的风格，面对爆款产品奉行"拿来主义"，导致产品有市场无品牌，很难在消费者心中形成鲜明定位。

2. 寻求差异定位法

在品牌林立的商品市场，新产品要获得消费者的青睐，必须拥有独特的卖点，就市场定位而言，千方百计实现"差异化"是抢占市场先机的有效途径。实现差异化主要有以下五个途径：

（1）概念差异

通过提炼产品特性，结合品牌定位，赋予产品独特的文化理念，塑造产品性格特色，提出全新的新概念、新主张，从而实现理念上的差异化定位。例如，某面膜品牌突破传统贴片面膜、膏体面膜的形式，率先提出泥浆面膜新概念，跻身面膜行业，迅速占领市场。

（2）盈利模式差异

盈利模式的差异化一般有四个导向：批发力求走量、微利抢占市场、高性价比积累信誉、高利润打造品牌。从产品本身来看，盈利模式可分为两类：一是设计创新，以质取胜；二是跟随模仿、低价走量。

（3）格调差异

从格调入手求差异，是设计类产品实现成功定位的捷径，在服装市场更为常见。例如，某女装品牌，在韩范儿、欧美范儿女装大行其道时，独树一帜坚持民族风女装，成为这一细分市场的领导品牌。

（4）人群定位差异

立足产品市场，以消费人群为切入点，对特殊人群的特殊需求进行分析和探索，发现市场盲点，填补需求空白，成为市场夹缝中的先驱。这种定位策略往往要比在竞争激烈的市场中血拼低价更容易获得稳定销量。

目标消费群体定位是产品定位的重要内容，它明确了产品"卖给谁"的问题，一般来说，对目标消费群体的定位包括性别、年龄、职业、收入水平四个方面，这四个方面也正是寻求人群定位差异化的四个角度。

（5）消费心理定位

商品的营销需要始终围绕消费者的特点展开，依据消费者的心理特点为产品制定独特的定位，能够增强营销效果、激活消费者潜在需求。可以运用到产品定位之中的消费心理包括：求实心理、求名心理、求廉心理、自我表现心理，偏好、求美、好胜、好奇、求异等心理。

三、去哪儿找可靠货源

解决了"卖什么"这一问题，就迈出了成功开网店的第一步。接下来要考虑的，就是怎样找到可靠的货源。在了解最适合网店的进货渠道之前，我们不妨了解一下目前网络上什么商品最好卖。下表列出了2014年2月淘宝商品销售排名：

2014 年 2 月淘宝商品销售排行榜明细表

排名	种类	成交量（笔）	成交额（元）
1	女装	8400 万	91 亿
2	男装	4400 万	70 亿
3	手机	360 万	42 亿
4	美容护肤	3000 万	37 亿
5	3C 数码配件	5000 万	26 亿
6	箱包皮具	5000 万	26 亿
7	住宅家居	450 万	23 亿
8	女鞋	1400 万	20 亿
9	汽车 / 用品 / 配件	1400 万	20 亿
10	玩具 / 模型 / 动漫	2100 万	16 亿

从这个表格中，我们可以看出，仅一个月的时间，淘宝网上就有如

此大量的产品被销售出去。然而，这么大量的货源该到哪里去找？怎样能找到成本最低、利润最高的进货渠道呢？了解到这些，就等于掌握了网店成功的制胜法宝。

（一）渠道一：厂家批发

其实，只要对商品销售稍微有一点常识的人都知道，从厂家拿货，是最便宜的货源。因为，任何一件在市面上销售的商品，在到达消费者手中之前，都会经历一系列流通环节。这个环节可以用三角形来表示，如下图，越靠后的流通环节，所占面积越大，也说明从事该环节的人数越多。

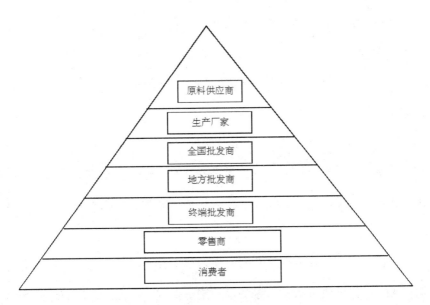

商品流通示意图

不难看出，想要进行商品批发或零售，除了直接找制作企业生产之外，厂家批发是商品流通的第一个环节，也是进货价格最低的一个环节。因为，每增加一个流通环节，就会涉及运费、店铺租金、人工等成本，这仅仅是在国内进货的成本，如果是进口商品，还要涉及跨国运费、关税等，所有的这些成本都要通过产品的售价来找回。如果一件商品的出厂价是一元钱，那么等到流通到消费者手中，价格可能已经翻了十倍甚至几十倍。

如果能够找到稳定的厂家货源，无疑是最理想的进货方式之一。因为，厂家的货源往往是最充足的，很少会出现中断供货的现象。如果能够长期合作，通过良好协商，厂家还会给客户提供一定的便利条件，比如，免费调换产品，或者将销量不好的商品退还厂家等。

不过，并不是每家网店都能争取到从厂家进货的机会，这就要求卖家的进货量达到一个相当大的数量。因为，生产厂家不会只给卖家提供少量的货源，以服装为例，如果不能一次性进货达到几百件或者上千件，厂家是轻易不会和小卖家合作的。

不过，如今打着正规厂家旗号四处拉拢客户的厂家不在少数，网店在进货时也要擦亮眼睛，不要被一些不具备规模甚至不合法的厂家欺骗。在进货之前，可以通过多方面来评估厂家的实力和真伪。

1. 电话核实

任何一个厂家在发展客户时一定会留下自己的联系电话，可以通过拨打114或电话黄页对该厂家的电话进行查询、对比。正规的厂家会非常重视每一位客户的来电，因此也会对厂家电话进行详细登记。不过，即便登记的电话与厂家留下的电话相一致，也不要轻易相信厂家的真伪，可以分别在不同的时间段分别拨打几次，进行验证。

2. 营业证件核实

与厂家合作之前，网店有权利要求查看厂家的《工商营业执照》和《税务登记证》，如果厂家以各种理由拒绝提供，网店就要对厂家的合法性保留怀疑态度。当然，这两种证件也存在作假的可能，网店可以通过拨打相关部门电话，确认厂家已经进行了正式注册登记，只要是正规厂家，一定能够查询得到。

3. 价格对比

正规的厂家都有完善的价格体系。在报价时，会出示一份报价清单对每一款产品的价格进行展示，供客户参考。一般来讲，正规厂家讨价还价的余地并不大，因为公司对产品的价格把控非常严格，销售人员也没有太大的降价空间。在决定合作之前，网店不妨多留一个心眼儿，向厂家多次询问同一款产品的报价，其间也可以对多款产品的价格进行询问，看厂家的每次报价是否一致，也可对厂家报价进行分析，评估厂家是否有完善的价格体系。

4. 规模评估

最好是能亲自到厂家所在地去评估其生产经营规模的大小，也可以通过多方咨询、搜索，了解厂家的成立时间、年销售额、主要生产的商品品类，因为，生产量往往决定着一个厂家的专业程度，而销售额则证明着一个厂家的实力。

（二）渠道二：批发市场

对于一些规模不够大的网店来说，批发市场是最方便、快捷的进货渠道。尤其是在开店初期，如果销量不是非常大，根本没有必要瞄准商品的生产厂家，批发市场就足够满足你的需求。因为，批发市场的数量和种类很全，每一种商品的批发商也很多，有利于店主货比三家。并且，在批发市场进货不会耽误店主太多的时间，几乎每个大城市都会有一到几家批发市场，只要在批发市场的营业时间内，店主随时可以去进货，而不用像去厂家进货那样留出大量的时间。如下表1中列出了一些省份的大型批发市场名称。虽然批发市场的价格比厂家进货要高一些，但与其他供货渠道相比，价格还是相当低廉，给网店留出了很大的利润空间，更加利于薄利多销。

不过，在批发市场进货，有三条要点一定要遵从。

1. 与批发商建立良好的关系

做到这一点，就等于为自己网店的进货和销售打开了方便之门，批发商会及时将第一手的流行商品推荐给你，如果长期合作，还能够继续压低进货的价格，如果有不好卖的商品，通过良好的关系还能及时调换。你的商品卖得快，就能很快积累起网店信誉。

有些店主因为和批发商之间的关系比较好，甚至可以先进货，销售出去以后再结付货款，这样不仅不会造成商品的积压，甚至也不会长期占用大量现金，对网店来说是一个巨大的优势。

2. 少量试卖

如果觉得某一家批发商的商品不错，先不要急于大量进货，可以先尝试性地进少量的货，上传到网上试卖一下。如果卖得不好，也不会造成商品的积压，也就避免了金钱上的损失。

3. 学会压价

无论选择哪一家批发商，"将价格压到最低"，是每一位网店店主必须学会的第一项"谋生技能"。想要获得利润，低廉的进货成本是关键。不过，在压价时，一定要学会观察批发商的脸色，试探有多少压价的空间。千万不要一味地压价，损害了与批发商之间的关系，否则，也是得不偿失。

（三）渠道三：外贸尾货

许多喜欢大品牌却没有一定经济实力的消费者，在网上购物时，有时会故意选择外贸尾单货。所谓外贸尾货，就是正式外贸订单的多余商品。国内的工厂在替外商生产商品时，一般会按照5%~10%的比例多生产出一些，以防产品中出现残次品。当商品交付给外商之后，这些剩下来的商品就是外贸尾货。

外贸尾货的最大优点就是性价比高，既是大牌正品，又有着非常低的折扣。一般只需要2~3折的价格就可以买到与商场中的大品牌一样的正品。如果一件品牌商品的市场正价是1000元，外贸尾货的价格只需要200~300元。这样低廉的价格吸引了大批的消费者，因此，外贸尾货在网络上有着巨大的销售空间。

不过，外贸尾货也有着一定的劣势，在进货时，因为是尾货，所以颜色和尺码不像正常进货渠道那样齐全。基于这个原因，外贸尾货的进货价格更低，利润空间更大。不过，凡事有利也有弊，正是因为颜色和尺码不全，一般厂家会要求进货者一次性拿走所有的货物，如果没有一定的经济实力，也很难能抓住这样的机会。

因为发现了外贸尾货巨大的市场空间，许多善于仿造假冒商品的厂家也试图钻外贸尾货的空子，将假冒伪劣的商品打上外贸尾货的标签，如果网店一不留神，将假货当成外贸尾单进货并销售，在损害消费者利益的同时，也会损伤网店的信誉。

表1 各省份大型批发市场一览表

省份	序号	批发市场名称
重庆	1	朝天门综合交易市场
甘肃	2	兰州东部批发市场
	3	兰州光辉批发市场
广东	4	虎门裕隆小商品批发市场
	5	虎门黄河服装城
	6	普宁流沙布料市场
	7	兴宁东岳宫市场
	8	广州白马服装批发市场
河北	9	石家庄南三条小商品批发市场
	10	石家庄新华贸易中心市场
	11	石家庄桥西青年街市场
	12	白沟小商品批发市场
山东	13	临沂市临沂批发城
	14	即墨市服装批发市场
	15	淄博周村纺织大世界
	16	烟台市开发区彩云城
湖北	17	武汉市汉正街小商品批发市场
湖南	18	常德桥南工业品市场
四川	19	成都荷花池批发市场

续表

吉林	20	长春光复路市场
江苏	21	常熟招商城
	22	江阴食品城
	23	江阴纺织市场
	24	太仓轻纺市场
	25	吴泗中国东方丝绸市场
浙江	26	台州路桥小湖州丝绸城
	27	湖州丝绸城
	28	湖州织里轻纺绣市场
	29	杭州四季青服装市场
	30	杭州环北小商品市场
	31	嘉善商城
	32	湖州丝绸城
	33	杭州丝绸市场
	34	杭州轻纺市场
	35	杭州环北小商品市场
	36	嘉兴洪合羊毛衫市场
	37	嘉兴桐乡濮院羊毛市场
	38	温州永嘉桥头纽扣市场
	39	宁波慈溪周巷副食品批发市场
	40	诸暨市大唐轻纺市场
	41	义乌中国小商品城
	42	绍兴中国轻纺城
	43	萧山商业城
黑龙江	44	哈尔滨地下商业城
	45	哈尔滨透笼街市场
	46	哈尔滨南小食品批发市场
沈阳	47	沈阳中国鞋城
	48	沈阳五爱小商品批发市场
	49	海城西柳服装批发市场
	50	沈阳中山公园花卉批发市场

怎样正确分辨出外贸尾货，网络卖家一定要掌握以下知识：

1. 价格对比

外贸尾货一般来自制造商。他们的业务以替品牌商生产产品为主，主业并不是销售。因此，多余的外贸尾货，出售的价格并不高。

2. 质量对比

外贸尾货就是正品，无论是选材，还是工艺，都与正品毫无差异。唯一的区别，也许就是某个商品上不起眼的小瑕疵，大多数外贸尾货，都是完好无损的正品。不过，如今一些善于仿制的厂家，生产的假货也几乎可以乱真。店家在进货时，一定要了解正品的各个细节，或者拿着正品进行对比。

3. 商标对比

外贸尾货与正品行货的最大区别，就是标签。有些外贸尾货最后才会贴上标签，而一些大牌的外贸尾货是根本不会贴上标签的。这不是代表商品的质量不好，或是假货，而是为了保护市面上的正品行货。大品牌对商品的保护措施非常严格，外贸尾货不仅不会贴上商标，甚至连品牌的包装袋也不可以使用。

4. 颜色、尺码对比

绝大部分外贸尾货的颜色和尺码都是不全的，因为无法确定会生产出多少瑕疵商品，因此剩余的外贸尾货数量也无法保证齐全、统一。如果一些号称销售外贸尾货的厂家可以提供任意尺码、任意颜色的货源，并且要多少有多少，那网店卖家一定要擦亮双眼，因为这样的厂家本身就可能是"假冒伪劣商品"。

5.瑕疵对比

不要以为有瑕疵的商品就不是外贸尾单，因为越大的品牌越不容许产品出现质量问题，哪怕是细小的瑕疵也会被淘汰下来。不过，有些外贸尾单上的瑕疵并不影响穿着或使用，反而因为价格低，更受消费者欢迎。

假冒产品为了乱真，有时候反而会刻意避免瑕疵，也就是说，在选择外贸尾货时，不要因为没有瑕疵就误以为是正品。

（四）渠道四：品牌库存

许多品牌商品因为已经不流行，或是在库房积压了太久没有销售出去，而急于清仓销售。这时候一般会以极低的价格销售，如果你还具有非常好的砍价能力，还可以在低价的基础上砍到一个更低的价格，再放到网上销售。有些在外国已经过时的产品，在国内某些地区还有着一定的流行趋势，利用时间和地域的差别，可以获得一笔可观的利润。

不过，在选择品牌库存之前，要对这个品牌的商品有一定的了解和辨识能力，不要因为图便宜而进到假货。更要有时尚的审美和对流行趋势的了解力，否则消费者看不上你的商品，最后也只能再次成为积压产品。

1.品牌库存为什么好卖

（1）价格低

一般品牌商品都是因为急于流转资金，或者急于清空仓库为新品留出空间，才会清空库存。也就是说，厂家处于被动的位置，价格上也就存在着较大的下调空间。如果具备极佳的砍价能力，一定会在进货时省不少钱。

低价，是对顾客最大的吸引力之一。尤其是低价的品牌商品，有些顾客会为了追求品牌商品的质量或品牌优势，而较少在意是否流行，因此，品牌库存商品就有着一定的目标群体。

（2）品种多

每一个品牌、每一款商品都会随着市场需要的变化而不断进行产品的更新，比如，服装，每年的流行趋势都不相同，为了满足消费者的审美，服装公司每年都会生产大量的款式。有些卖不掉的款式就变成了库存。日积月累中，库存中的产品也多种多样，这也就给了消费者更大的选择空间。

2. 寻找品牌库存的窍门

做任何一件事情都有窍门。在选择品牌库存时，怎样挑选到更好卖的商品，加快现金的回流，以下几点，是网店店主一定要学会的窍门。

（1）了解消费者品位

消费者就是店主的衣食父母，了解消费者喜欢什么，就掌握了赚钱的第一要领。要对自己的主要顾客群体进行分析，他们的审美、喜好，他们之间的流行趋势。在选择品牌商品时，他们是更注重品牌，还是更注重款式，是更喜欢本国产品，还是更喜欢外国产品，"对症下药"，事半功倍。

（2）学会预测市场

这就要求网店店主时刻关注市场动态，并根据市场的变化进行分析。根据分析出来的数据，预测市场上下一个流行趋势以及市场的需求量，做好提前准备。

（3）紧跟消费者需求变化

任何一个消费者喜欢的东西都不会一成不变，如果消费者转变了兴趣，而你还在走老路，就注定失败。有些商品，随着消费者需求的变化，生存的时间很短，或者有着很强的区域性，这些都要求网店店主做出及时的判断，在进货时不要盲目为了便宜而贪多，可以将单一品种多数量变为多品种、少数量，给消费者更多的选择空间。

（五）渠道五：换季打折商品

许多网络卖家在进货时，既想选择能够保证质量的商品，又想同时兼顾低廉的价格，这个时候，换季打折商品是最好的选择。一般情况下，因为换季而打折的商品，大多是在商场中进行销售的正品，因为过季而不好销售，商家会将这部分商品进行打折清仓销售。因为已经赚到了钱，或者收回了成本，又或者想为新一季的商品换回流动资金和库存，所以在清仓打折时，商品的价格都非常低。如果能够抓住这个机会大量买进打折商品，再利用时间和地域的差异，放到网上出售，也可获利不少。

尤其是在一些大城市，品牌商品清仓打折的机会经常出现，只要经常到市场上转一转，就会赶上换季打折的机会。不过，并不是所有的商品都适合一次性大量买进，对于一些有保质期的产品，如日化用品、食品，或者更新换代较快的产品，比如数码产品，建议还是不要一次进货太多，免得短时间内不能全部卖掉，过了保质期，就变成了废品。

哪些原因让商家清仓呢？其实，包括换季原因在内，商家对商品进行清仓销售的原因有很多种，在这里列举几种主要的原因，供网络卖家在进货时选择。

1. 换季原因

这是商家清仓处理的最主要原因，尤其是像服装一类季节分别明显的产品。细心的人不难发现，商场中销售的衣服总是比生活中提前一个季节，冬天还没有过去，春天的衣服就已经上市了。终于等到可以穿春装的季节，夏装又上市了，而春装已经开始打折。这种情况尤其在东北地区比较明显，因为东北的冬天比较长，春天来得晚，时间又比较短。等到东北人想要买春装时，商场中的春装已经断码甚至售罄了。

这时，网络卖家们就可以到市场上搜罗换季打折的商品，以低价买入，再放到网上赚取差价。不过，在进货时，不要被低价冲昏了头脑，以下几个方面一定要注意：

（1）仔细查看产品是否有瑕疵

并不是每个卖家都是良心商家，有的卖家会故意借着换季打折的机会把瑕疵商品混在打折商品里出售。如果不仔细检查，一旦误买到瑕疵商品，吃亏的只能是自己。

（2）仔细比对是否真的有折扣

有些卖家会故意在价牌上把原价调高，再以打折的名目出售，实际上的售价并不便宜。你以为商家是在清仓甩卖，实际上只是用虚假价格骗取眼球而已。因此，如果打折的商品是知名的品牌，不妨在进货前仔细了解一下各款产品的实际价格；如果商品品牌知名度较小，则要凭借经验去判断，这些商品是否真的值这个价钱。

（3）仔细思考商品的时令性

因为是换季而打折的商品，自然也就存在着时令性。不要因为贪图便宜盲目进货，导致过了时令，商品积压。比如在夏季季末时，类似电风扇一类的纳凉产品会进行换季打折，如果盲目过多进货，夏季过了还有大量库存，那就只能面对一整个冬天都无人问津的事实，大量的资金就这样压在库存里，无法变成更容易销售的货品，白白错失其他的赚钱机会。

（4）仔细观察商品的保质期

销售食品的卖家尤其要注意这样的问题，许多商品在换季打折时，距离最终的保质期限只剩下很短的时间，如果大量进货，在这段时间卖不出去，就只能全部扔掉，损失的是白花花的"银子"。

还有一些其他商品，如日化类用品也面临着保质期的问题，卖家在进货时也要做好充分考虑。

2. 节后原因

中国的节日众多，再加上情人节、圣诞节等外国舶来的节日，总是有各种各样的节日名目促使商家进行促销从而吸引消费者。有些商品是为了某个特定的节日而准备的，在节日之后，购买的热潮散去，剩下的商品就要进行打折销售。比如，端午节后的粽子，中秋节后的月饼，情人节后的玫瑰，这些商品虽然属于节日商品，但并不是不过节时就没有人买，只要掌握好分寸，控制好进货的数量和质量，还是可以通过节后降价的机会进货，赚取利润。

3. 转让原因

如果运气好，赶上某家实体店铺在进行转让，那么就可以借机去淘一淘转让清仓的商品。因为在店铺转让时，新的店家很少会接受原来的货品，而原来的店家也无法将大量的货品带走，只能选择打折的模式进行清仓。

不过也有一些卖家假借转让清仓的原因销售假冒伪劣或者质量差的商品，有些店铺甚至一连几年都挂着转让清仓的条幅，这样的店铺无论如何都不能去。

4. 拆迁原因

这种情况和转让清仓类似，都是因为无法将货品带走而进行打折销售。不过，与转让打折一样，也有商家假借拆迁的名目销售假冒伪劣或质量差的商品，在进货时也要仔细分辨。

（六）渠道六：跳蚤市场

许多人认为，跳蚤市场的东西是二手货，不会有人喜欢别人用过的东西。这种想法实在是太过时了。在国外，许多人都喜欢去跳蚤市场淘一些二手商品，比如二手衣服。不仅价格便宜，并且每件商品的背后都有曾经的一段故事。这也是外国人浪漫的地方。在我国，随着复古热潮的兴起，人们对二手货的态度已经发生了天翻地覆的转变，不仅是复古的衣服出现在街头，就连小时候家家都用的搪瓷盆、老座钟、伟人画像等，都成为了竞相追捧的商品。

因此，二手货不代表就是破烂，也有着巨大的市场潜力。在跳蚤市场中，就有着大量的二手货货源。跳蚤市场一般没有专门的店铺或商场，都是由一个一个地摊组成。最新奇的是，跳蚤市场的商品不会像商场那样划分出专门的品类区域，只要你有耐心逛下去，几乎每一家的商品都种类各异，并且毫无规律可循。这也是逛跳蚤市场的乐趣之一，二手汽车很可能与二手家电摆在一起，二手衣服旁边很可能还放着二手家具，只要有耐心，会砍价，一定会淘到好商品。

并且，最诱人的是二手商品低廉的价格，因为被别人使用过，二手商品的价格几乎只是原价的20%~30%。不过，也并不是所有的二手商品都如此低价，许多市面上难找的复古商品，比如，原始的伟人画像、老一辈留下来的座钟、生产于80年代的家具，等等，因为留存下来的少，有些甚至成为了"孤品"，这样的商品售价不仅不会降低，还会比原来的价格翻上几番。不过，有些消费者专门喜欢这样的商品，只要能够找到销售渠道，哪怕价格贵一些，还是有利润空间的。

下表为以上各种进行渠道的优缺点对比：

各种进货渠道的优缺点对比一览表

渠道	优点	缺点	适合人群
厂家批发	成本低、方便调货、退换。	起批量大、产品单一。	有经济实力并有一定分销渠道的人群。
批发市场	品种多、更新快。	容易断货、品种不易控制。	当地有大型批发市场，具备一定砍价能力的人群。
外贸尾货	折扣低，性价比高。	颜色和尺码不全、鱼龙混杂、真假难辨。	有经济实力的人群。
品牌库存	成本低。	进货的时间、地点、规格、数量、质量不受控制。	对行业了解，且有一定经济实力。
换季打折商品	品牌效应、折扣低。	受季节影响。	生活在大型城市，能够有时间经常去市场上发现打折机会的人群。
跳蚤市场	种类多、重复商品少。	有品质的货源难找、品质难保证、不可退换。	当地有跳蚤市场，有耐心在旧物中淘货的人群。

四、新手和老手，都要留意进货陷阱

越来越多的进货渠道的确给网店卖家带来了方便，但同时也产生了不少的问题。即使是资深卖家，在进货时也要万般小心谨慎，更何况那些初开网店的新手，一不小心就会跌入进货陷阱。

那么，网店卖家在进货时应该对哪些事项进行注意，在节省进货成本的前提下，不会上当受骗，并且能够保证商品销售过程中产生利润呢？以下几点，就是对网络卖家最中肯的建议：

1. 安全第一

这里所说的安全，主要是金钱方面。谁也不希望辛辛苦苦赚来的钱白白打了水漂，每位店主都希望自己进到的货是物美价廉的优质商品。在批发市场或其他实体店中进货，商品的质量还能亲眼见到、亲手摸到，上当受骗的可能性一般不大。而有风险的进货渠道，一般都发生在网络中。

许多网店卖家为了节省时间和路费，将进货的目光放到了网上，而网上也确实充满琳琅满目的商品，只要在网上下单，就可以在家里坐等货物上门。然而，这其中的商品有好有坏、有真有假，卖家们一定要牢记以下几点，帮助自己对网络供货商的商品进行辨认。

（1）供货商网上信息搜集

网络上的供货商多种多样，既有厂家直销，也有企业批发商，更有个人批发商。如果供货商是正规的厂家或企业，在网络上一定会有公司的独立网站，并且网站一定会进行备案。如果这两样都没有，或者只有网站而没有备案，十有八九是不具备资质的供货商，甚至是短期圈钱的骗子。

在网络上也有一些个人批发商，这样的批发商一般不具备独立网站，但是可以查询其是否有成交记录，成交记录是否真实。任何一笔正规的成交记录都会有快递或者物流发货单号，可以要求对方提供近期的一些发货单号，通过对单号的查询判定真伪。

还有一种方式就是通过网络黄页判定，有实体公司的供货商都可以在网络黄页中查到，根据网络黄页提供的公司和产品介绍，即可判断出对方的真伪。

（2）地址、电话查询

即便是在网络上进行销售的供货商，也会在网页上显示其地址。最简单的方法就是在网络上通过搜索引擎，验证该地址的真伪。因为网上供货商可以骗人，搜索引擎则不会帮助其骗人。

另外就是通过拨打供货商所在地的114电话，去查询其电话的真伪。如果电话号码与供货商提供地址的归属地不符，或者114电话中根本就没有该供货商的备份，网络卖家在进货时就要提高警惕，因为对方很可能就是骗子，可以考虑不与其合作。

（3）注意汇款途径，试探可否货到付款

因为在网络上进货无法与供货商见面，一般都会采取汇款的方式进行结款。正规的公司一般都会提供公司账号，如果对方提供的是个人账号，一定要多一个心眼儿，避免上当。

还有另外一个方法就是试探供货商是否可以货到付款，如果对方是骗子，一定不会同意这个请求，因为快速圈钱才是他们的第一目的。有些正规公司也无法面对全国开展货到付款业务，但是在公司所在地的城市或地区，一般都可以货到付款。如果对货到付款的要求坚决不同意，网店卖家也该考虑是否放弃与对方的合作了。

（4）警惕低价诱惑

受低价诱惑，往往就是受骗的开始，如果对方的报价普遍比市面上的进货价格低上一大截，就值得警惕了。如果为了促销，个别商品低价不足为奇，如果全部商品的价格都低得离谱，那么一定不要考虑，果断放弃。

（5）反复沟通，留意疑点

俗话说"言多必失"，这放在网络进货中也同样适用。可以多与供货商进行沟通，重复多次地询问一些关键性的问题，看看对方的回答中有没有疑点，也可以对供货商产生更多了解。适当的时候，也可以提出当面看货的要求。

2. 利润优先

如果不是从事公益事业，那么获取最大化的利润是每位店主开店的首要目的。进货也是为了最终利润，因此，进多少货、什么时候进、怎样补货，都是决定利润的直接因素，网店经营者一定要对以下几点了如指掌。

（1）分析经营数据

想要开一间成功的网店，就要对店铺中的所有经营数据仔细分析，如每件商品成交的订单数、成交的季节与时间、顾客对哪些商品的浏览量最多、哪类商品成交率最高等。根据这些数据，才会对进货的种类和数量做出准确判断。

（2）货比三家

即便是消费者购买商品，也会对多家店铺的价格和质量做出比较，何况是大批量的进货，更要货比三家，找出价格和质量最合适的产品。

（3）不积压库存

想要资金快速回笼、周转，就不能积压库存。因此，在进货时不能一味贪多，可以少量进货，根据销售的速度判断再次进货的数量，即使是销量好的产品，也一定不要一次性进很多，因为市场上的变数很大，今天还非常受欢迎的产品，明天就可能无人问津。如果不能对市场的趋势做到百分之百的准确判断，还是谨慎一些为好。

（4）了解自己销售的商品特性

对自己销售的每一款商品都要了解到细节，从原材料、工艺到细节都要做到了如指掌。这样在进货时才能对价格和质量做出对比和正确的判断，否则就会被供货商用低价吸引，进到质量不好的商品。

（5）找到商品进货规律

对于那些销量好，货源又稳定的商品，可以根据平时的销售数据判断进货数量，少卖少进，多卖多进。而对于那些货源不稳定的商品，更要掌握好店内的销售数据，如果销量大，可以适当多进货，以免断货，如果销售少，则不要积累太大库存。

对于那些平时销量不好，即使采取促销措施依然不能提高销量的商品，不仅不要考虑多进货，甚至还可以放弃销售。

（6）别被换季打折蒙蔽

每到换季，商家就会展开各式各样的促销方式，促进买家大量购进商品。而市面上的服装往往又比当季提前一个季节销售，你以为衣服已经到了销售季节，其实买家早已经提前买得差不多了。如果一味贪图便宜，依然大量购进换季打折的产品，很可能因为季节变换卖不上好价钱。

（7）掌握进货黄金比例

进货时，有多个数字一定要认真考虑。分别是：进货种类数、每种货物进货数量、进货总资本。不要被这些数字搞昏头脑，有一个简单的计算公式：

$$\frac{单月销售金额-每月进货金额}{每月进货金额} \times 100\% = 利润率$$

对于那些首次进货的店家，可以多选择一些产品的种类，而不是单品种多数量，这样可以给顾客更多的选择机会，再通过每款产品的销量，确定日后主要经营的商品。将有限的资金投放到主要商品中，才能争取更低的进货成本，获取最大的利润。

3. 进货窍门

无论是网店还是实体店，成本低、利润大、卖得快，才是进货的王道，想要赢在进货上，一定要掌握以下窍门。

（1）只进顾客想要的

无论网店中品种多么繁多，花样多么流行，只要不是顾客想要的，依然不会有很好的销量。因此，顾客的需求就是网店卖家进货的指引。

除了可以根据顾客在店面中的浏览和购物数据判断顾客的喜好外，还可以主动出击，了解顾客的想法和喜好。可以在页面中开辟顾客留言专区，让顾客对自己想要的商品进行留言，即使是缺货的产品也可以让顾客留言预订，将这些留言信息作为进货的依据。

当然，这些信息要经过长时间的搜集整理才会产生一定的作用，不要图省事，或者半途而废。这些信息可以指导网店卖家了解顾客对商品质量、品种、价格各方面的需求，在进货时根据这些信息选择最好卖的商品，以免造成库存积压。

（2）抓住进货最佳时机

①季节性商品

许多商品都有着一定的季节性和时令性，比如，服饰鞋帽类产品、制冷或保暖类产品，季节性最为明显，应该遵从"季初多进，季中少进，季末补进"的原则。

②供不应求的商品

所谓供不应求的商品，就是顾客有着非常大的需求量，然而货源却不足的商品。对于这样的商品应该将更多精力放在开辟货源上，对库存情况时刻掌控，一旦库存不足马上进货，以防断货。

③新产品

每一款新产品的销售都要经历一个"摸着石头过河"的过程，要少量进货试销，等到销路打开之后再大量进货。

（3）多方比较，重点选拔

不妨在进货之前多联系几家供货商，对各家的价格、品质进行对比，从中挑选出品质优良、价格合理的商品作为网店中经营的商品。

（4）先进货，后付款

对于中小型店铺来说，先进货，销售之后再付款，有利于资金的流动，不至于压住大量现金而错失其他机会，同时，将资金多留一段时间，还可以存在银行中收取利息。

第三章

电商常识店铺篇：

设计 + 装修

无论是网店还是实体店，最终都是以创造品牌和盈利为目的。因此，一个好的店面形象，不仅起到美观的作用，也有着极强的营销作用，店铺装修是不容忽略的网店经营策略。

一、店铺装修不仅仅为了美观

可以说，店面就是一个营销的平台，为店面进行装修，就是为了促进买卖的进行，无论是店名、店标，还是店招的设计，以及店面整体氛围的营造，都有着至关重要的作用。

1. 提升网店品牌形象

一个好的网店设计，可以起到提升品牌识别的作用。对于一间网店来说，好的形象设计不仅能使店铺的外在形象得到长期的发展，更加可以塑造店铺完美的形象，从而加深买家对网店的印象。

装修精良的网店不仅仅只是传递商品的信息，同时还要体现出店主的经营理念和文化等信息，这些都会为网店的形象加分，也更加有利于网店品牌的形成。

网店装修的宗旨是最终使买家通过店铺的外观就能对店铺产生认知和识别，就像看到 KFC，人们就会联想到肯德基，看到"M"，就会联想到麦当劳一样。

2. 与竞争对手区分开来

别具一格的网店名称、具有鲜明特色的网店标识，都可以让你的网店的色彩和风格与其他店铺产生区别，更加容易被买家所感知，也会使买家在心理上产生认同感。

任何一家知名企业，都有专属于自己的 CI 识别系统（即企业形象识别系统），主要目的之一就是为了与其他竞争对手进行区分。因此，即便在网络上运营一间虚拟店铺，也需要通过店名、店招等装修方式，起到与 CI 识别系统同样的效果，这也是网店装修的重要原因之一。

3. 提高商品与买家的接触概率

网店中销售的商品种类与数量繁多，当买家进入网店时，并不是每一件商品都拥有与买家在第一时间产生接触的机会。通过网店的装修，卖家可以将主打商品或折扣商品在首页中的醒目位置显示，提高与买家接触的概率，也是对销量的一种提升方式。

4. 增加网店诱惑力

网络买家在进入网店的第一眼，看到的就是网店的装修环境。在这时，买家对网店中销售的商品并不了解，对商品的质量无法评定，但是一个良好的网店装修却可以给买家留下美好的第一印象，从而对网店，甚至网店中的商品产生好感，对界面中的布局也会产生共鸣。如果在这样的网店中购买商品，买家的心中也会随之产生认同感。

5. 增加买家在网店的停留时间

除了提升品牌形象之外，网店装修的另一个重要作用就是让买家更愿意在网店中停留。一间能够给人美好印象的网店，让买家无论是从视觉上还是心理上，都能感觉到店主对店铺的用心程度，从而提高网店的浏览量。

漂亮的网店装修能让买家在浏览店面时感觉到美感，即便长时间停留，也不会造成视觉疲劳，在挑选商品时，也会逛得更加仔细。再好的商品，也需要一个美观的环境来衬托，这样一来，买家对商品更加会产生爱不释手的心理，更加有利于成交。

6. 刺激买家购买欲望

网店的装修可以让网店具有更高的附加价值。一间没有任何装修，看上去空空荡荡的网店，让人无法产生任何的购买欲望，因此，店铺装修的另一个重要作用就是让买家在网店中获得温暖、有趣、可爱、科技等感知，从而增加销售额。

不过，网店装修并不是越华丽越好，更不是动画越多越好，这样反而会分散买家的注意力，削弱商品的吸引力，因此，在装修网店时，也应注意以下几点：

（1）商品照片要体现商品的美观、细节和实用程度，而不是艺术大片；

（2）将有价格优势的、促销的商品放在首页，用大图或醒目的特殊标识显示，增强买家感知；

（3）店面装修要整洁，过于纷乱不会有美感；

（4）不要使用过多动画和跳跃性的元素，否则可能影响买家购物情绪；

（5）将商品类目编辑整齐，一目了然，方便买家查找；

（6）每个页面都需要有搜索栏，方便买家搜索；

（7）将销售纪录最好的商品显示在首页，吸引买家购买。

二、店铺风格以商品风格为前提

网店的风格可以在买家进入网店之后给之以最直观的感受，买家可以通过网店的装修，感受到店主的品位、心境，以及网店中的艺术氛围。因此，网店卖家在确定网店风格时，除了要充分体现自身特色之外，还要充分考虑大众的审美观念，赢得买家的良好印象。

一般来讲，网店的装修要以店铺的主题为主，根据主题和主要销售的商品确定店铺的装修风格，然后再根据这一宗旨，进行装修素材的搜集、图片的处理，以及店招、促销区、分类导航区的设计。总之，一切的装修工作都要以符合店内主要销售商品的风格为前提。

每个网店店主都对自己销售的商品十分了解，但买家对商品最先感知的往往是直观印象。网络上销售的同款商品很多，即使与别人销售的商品相同，但通过装修体现出商品的特色，也会更好地吸引买家购买。

具体装修方式是选择自己装修，还是购买现成的装修素材，可以根据自身的条件进行选择。如果对店铺装修的知识与技术比较了解，可以不必花钱购买，根据自己的需求随时更换店铺装修，这种方式更加适合比较小的网店。

如果网店的规模比较大，店主并没有时间和精力处理店铺的装修工作，则可以购买现成的装修素材，或者聘请专门的网店装修公司，或招聘网店装修的工作人员。

（一）美妆类店铺的装修技巧

化妆品作为一种利润丰厚的商品，获得许多网店卖家的青睐，然而随着大量商家进入化妆品市场，越发激烈的竞争也同样带来了较大的商业风险。许多缺乏竞争力的化妆品商家也被迫纷纷退出了市场。

其实，除了合理选择营销方式之外，将化妆品网店装修得别具特色，也会更加吸引买家的注意。即使是价格与信誉不具备优势的小型网店，也会因此而颇受欢迎。

如何将化妆品类网店装修得具有一定特色，可以参照以下几个方面：

1. 风格随季节变换

虽然人们一年四季都需要使用化妆品，但是化妆品也是一种季节性非常强的商品。店铺的装修风格应该随着四季的变换而变换，符合不同季节中买家的不同心理变更。这样，更容易使买家在你的店铺中找到归属感，从而刺激购买的欲望。

比如，春天，是万物萌生的季节，天气温暖，百花盛开，鸟语花香，是人们心目中向往的春日景象，如果以美丽的春日作为网店装修的元素，顾客应该会更喜欢在店铺中流连。如果顾客中途进入别的店铺，发现其他店铺不具备如此美好的装修，很可能还会重新返回你的网店中购买。

同样的道理，夏天是各种水果上市的季节，店铺装修元素可以考虑鲜嫩的水果，能让人产生一种给皮肤补水的感觉，也可以体现出清凉感；秋季，代表着金色和浪漫，在店铺装修中融入浪漫的风格，会更打动买家，尤其是感性的女性买家。

冬季代表着寒冷，但却不要在店铺装修中将冷的元素扩大，相反，要以温暖与水润的感觉为主，因为在冬季，冷风还会让皮肤中的水分快速流失，温暖与补水都是化妆品买家的巨大需求。

2. 店铺装修常变常新

不要认为店铺只要装修完毕，就永远不需要更换。即便是自己的家，同一个风格住久了，也需要变换一下风格。

哪怕是一些老字号的店铺，也会偶尔对店铺的风格进行变更。如今快节奏的生活方式下，人们最害怕的就是一成不变，如果一家店铺长时间没有改变，买家也许并不会认为店主怀旧，反而会认为店主没有实力，不懂经营，也会渐渐对你的网店失去兴趣。

因此，经常逛同样装修风格的店铺，买家也会感到厌烦。这就要求网店卖家每隔一段时间就改变一下店铺的装修风格，让买家更有新鲜感。

装修风格可以随季节改变，也可以根据新款商品改变，更可以根据买家的喜好而改变，让买家感觉到，你时刻将买家的感受放在心上。

而最简单的方式，是根据不同的节日改变装修风格，比如，圣诞节时，可以充分展示出圣诞树、圣诞老人、美丽的雪花等元素；而情人节则一定要温馨、浪漫；而到了中国传统的春节，就一定要用大红色突出喜庆，搭配春联、福字等元素，让人觉得赏心悦目。

3. 选用精美的图片

选择购买化妆品的买家，大多都是对美有着一定需求的人群，因此，他们更愿意也更懂得去欣赏美好的事物。

哪怕是化妆品的图片，也一定要仔细挑选出最精美的部分，因为任何一家网店，图片都是装修的核心元素。图片的质量从侧面也影响着买家对商品质量的认知。一张粗糙的劣质图片，很难让人联想到精美的商品，心中自然而然会产生排斥的想法，也就影响了销售的达成。

4. 图片必须与实物相一致

许多买家在网络购物时，是被精美的图片所吸引。然而卖家的图片在满足精美的前提下，必须与实物相一致。如果买家在收到商品之后，发现与图片中的商品区别很大，心中自然会产生落差，很可能会产生一系列麻烦，需要卖家额外去解决和协调，可即便如此，也很可能会遭到差评。

（二）服装类店铺的装修技巧

服装类的网店，如果具备精美的装修风格，除了可以吸引顾客，增加点击率，还可以提高购买率。许多买家对自己喜欢的服装店都具有一定的忠诚度，重复购买率非常高，可即便如此，买家在逛店铺时，也希望经常能体会到新鲜感。

1. 网店设计风格与服装风格相符

每一间服装网店都有不同的消费群体，每一个消费群体也都有着专属于自己的个性和消费习惯。因此，在装修服装类网店时，要根据主营的服装风格以及主要消费群体的喜好，进行店铺装修元素的选择。

一般来讲，如果网店主要销售的是甜美的女装，则可以选择桃心、花边、插画等可爱的元素；如果网店主要销售男装，则适合选择一些深沉、低调的设计元素，或者金属质感的元素。而如果装修一家主要销售童装的网店，卡通形象则是装修元素中的首选。

2. 注重色彩的合理搭配

除了装饰元素之外，店铺的主要色彩也对顾客的感官和心理产生一定的影响。如果将店铺中的色彩搭配得恰到好处，不仅可以提升商品的品质感，更可以激发买家的购买兴趣，从而促成销售。

在确定店铺色彩时，可以同时考虑服装种类、季节、顾客年龄层以及性别等因素。比如，年轻的顾客群体，比较喜欢红色和黄色等给人容易亲近感的色系，或是活力、跳跃的色系；而年龄大的顾客群体则比较喜欢棕色、紫色等深沉、华贵的颜色。

女性顾客群体比较喜欢粉红、鹅黄等暖色调，而男性顾客群体则比较喜欢端庄肃穆的冷色调。夏季适合清凉的装修色调，而冬季的装修色调则一定要让买家感觉到温暖。

3. 装修风格要一致

无论是店标的设计，还是主页的风格，以及具体的商品页面，在装修时，最好采用相同的色系，以及相同的设计元素，这样，才会让整间网店给人以整体的感觉，而不是分散和跳跃的感觉。

除了整体上要保持统一之外，网店的分类栏、店铺公告、音乐、计数器等细节设计也要根据整体的风格进行考虑。不要一会儿用浪漫温馨的元素，一会儿用搞笑幽默的元素；更不要一会儿用明星形象，一会儿用卡通形象。如此纷乱的风格，是网店装修的大忌。

4. 突出主题，切忌花哨

漂亮的装修的确会提升店铺的档次，也会更加吸引买家的眼球，但是，时刻要牢记，服装网店的主体是服装，而不是店铺的装饰。如果让店铺的装饰元素抢了服装的风头，则有些主次不分。

适当的装修元素可以提升出服装的优势和亮点，然而过多和过于纷乱的装修元素，反而会影响服装的效果。每个网店的主要目的都是为了销售产品，而不是对店铺进行展示，如果忽略了这一点，会产生本末倒置的效果。

5. 图片不要使用过多

有些店主会认为图片越多，店铺才会越好看，尤其是一些新手卖家，会选择用大量的图片去对网店进行装饰。然而，这样却走进了一个误区。太多的图片，尤其是那些像素质量偏高的图片，会严重影响页面的打开速度，许多店主在装修时都容易忽略这一问题。

每个网络买家所处的网络环境不同，如果网速不支持这些图片的打开，会影响买家逛这家店的兴趣，甚至索性关掉页面，选择其他店铺。

其实，有时候一个简单的表格，或者将字体变换颜色或加粗，都能起到比图片更好的效果，既美观明晰，也不会影响网店的访问速度。

6. 谨慎利用背景音乐

对于背景音乐是否有利于网店的经营，目前每位店主人的看法不一致，每位买家的看法也不一而同。有的买家会因为喜欢某一网店的背景音乐，而经常光顾这家网店，而有的顾客则对网店中的音乐产生厌烦心理，一出现音乐就关闭页面。

同时，有些过大的音乐文件也会影响网店页面打开的速度。如果网店的确需要一些音乐来烘托店铺的气氛，最好选择体积比较小的音乐文件，或是对原有音乐文件进行压缩。

（三）食品类店铺的装修技巧

食品占据了我们生活中的大部分需求，无论是主要食品，还是零食，都体现着生活品质。随着电子商务与物流水平的发展，超市与农贸市场再也不是购买食品的唯一场所，食品类网店正以逐渐蔓延的态势，呈现在习惯网购的消费者面前。

想要装修出别具一格的食品类网店，可以参考以下几方面因素：

1. 暖色调让人有好胃口

暖色调的风格会让人感觉更加愉悦，心情更加舒畅，胃口也会随着心情变好而大开。越来越多的大型餐厅都已经意识到了颜色给人们带来的感受，为了让更多的顾客喜欢自己的店铺，在设计与装修过程中，都会充分考虑颜色的运用，目标是为了给自己的店铺赢得越来越多的回头客。

食品类网店也是同样的道理，在装修时也应该充分运用暖色调，让买家产生购买的欲望，让买家在购买的同时，会产生愉悦的购物享受。

2. 营造出家的氛围

做任何一件事，都需要一个合适的环境和氛围。吃东西让人们感到心情放松，也最好在一个轻松的环境中进行。家是最让人感觉到放松和舒适的场所，每个人在家里都可以表现出最随意的状态，因此，在装修食品类网店时，可以精心打造出一个家的氛围，充分利用在家中随处可见的元素，比如，食品柜、保鲜用品、精美的餐具、花纹温馨的桌布等，让买家在浏览你的网店时，仿佛马上就要在家中用餐一样，在放松的心态中完成购买的行为。

3. 亲近大自然

如今，绿色、环保是许多商家在营销商品时推出的主打概念，而食品的安全与健康问题更加饱受人们的关注。人们更倾向于那些安全的绿色食品，因此，在装修食品类网店时，最好能够满足人们对于健康的渴求，以及对生命的热爱。

在网店的装修过程中，可以体现出食品的来源地、安全的生产工艺、卫生的生产场所等元素，不要将绿色食品作为一个简单的概念，而要在装修的细节中时时处处体现出来，才能获得买家的信任。

4. 让图片更具有诱惑力

人们在网店购物时，商品图片是让买家迅速感知商品的最佳渠道。尤其是食品，诱人的图片展示，更能刺激买家的食欲。因此，在食品类网店的装修过程中，卖家应该将主要的精力放在对图片的拍摄和选择上。

而通过统计，目前做到高级别的食品卖家中，装修店铺的秘诀就是用图片来表达店铺的实力，用图片代替文字，与买家进行沟通，讲述出店主的心声。

5. 体现出食品的风情

每一款产品都有自己的由来和产地，它的产地就如同人的家乡，食品背后的故事就如同一个人的经历。在装修食品类网店时，要对食品的由来和产地进行充分挖掘，体现出食品独一无二的风情。

比如，来自少数民族地区的食品，就应该充分体现出少数民族的元素；而那些来自国外的食品，就要体现出更加多的异域风情。总而言之，就是你的顾客不经常接触到的风格，这样可以增加买家的新鲜感，产生购买一次的尝试心理。而你销售的食品一旦获得买家认可，重复购买的概率会相当大。

（四）数码家电类店铺的装修技巧

网店的种类多种多样，消费者曾经只敢在品牌专卖店和商场中购买的数码家电类商品也渐渐在网络中开辟出了一块主要"战场"。目前，仅仅是淘宝网上正在经营的数码家电类网店已经多达几万家，其中许多卖家更是凭借优秀的品质和良好的口碑，将店铺等级做得特别高。

与其他种类网店不同，数码家电类网店的装修反而不需要那些花哨的装饰，而是需要体现出商品实在的品质，以及品牌的口碑。对于许多买家来说，数码家电类商品是"大件"商品，不是可以频繁更换的商品，因此在购买时的选择会更加慎重。

想要在数以万计的数码家电类网店中站稳脚跟，在装修时，就要把握住买家的喜好，给买家以安全感。

1.页面切忌花哨

与小商品相比，数码家电类商品的价值一般偏高，很少有买家在购买时会因为花哨的页面而冲动消费，不仅如此，过于花哨的页面反而会让买家觉得不够专业。因此，在设计店铺的装修风格时，应该尽量选择朴实的设计，摒弃那些花哨的图案，只用简洁或深沉的背景色即可。

在色彩的搭配方面，也不要让买家感觉眼花缭乱，最好是将冷色调和暖色调进行合理搭配，配色尽量稳重，这样才会赢得买家的信赖。

在首页的文案方面，也不要写得天花乱坠。一些做得好的卖家，只是在店招位置做一句简单的店铺描述，即可达到很好的效果。

在促销的区域，一定要做得专业，不切实际的价格很容易让买家感觉到欺诈的嫌疑，从而对你的网店产生不信任感。

2. 页面设计符合人性化特点

无论网店的装修设计多么具有品质感，一个打开过程缓慢的页面也无法获得买家的好感。页面打开得太慢，很容易影响买家浏览的心情，导致买家没有耐心等待页面全部打开，而是关掉页面去浏览其他店面。

除了页面打开时间之外，页面中放置的内容也非常重要。不要在单个页面上放置太多内容，页面上展示的内容越多，买家越没有耐心看完。尽量简洁明了地对商品进行描述，因为买家并不喜欢一直拖动页面右边的滑块，简短的内容更容易让买家全部看完。

页面中的图片也非常重要，尤其是随着生活节奏的加快，人们失去了大量阅读文字的耐心。这是一个读图的时代，尽量让页面上的图片就可以起到描述商品的效果，给买家以直观的感觉，也能够吸引买家在搜索时点击你的页面。

3. 图片清晰有质感

一张有质感的精美图片，可以起到刺激消费者购买欲望的作用。每个买家在决定购买一样商品之前，都需要一个充分的理由和诱因，也许是因为的确需要，也许仅仅是因为商品的宣传图片非常不错。

因此，不要只将图片当作对商品的展示，有时候，一张好的图片能够起到比文字介绍更加有效的宣传效果。

尤其是在网店中消费，买家不像在传统商店中那样，可以亲自碰触商品的质感，试用商品的效果，一切全凭图片带给他们的直观感受，其次才是文字说明。因此，在上传商品图片时，一定要清晰、详细，但图片占用的空间不要太大。

4. 文字描述尽量简短

这一点依然遵从了数码家电类网店装修不要花哨的要领。即便是冲动型消费者，在购买数码相机、摄像机、家电类商品时，也会让自己的情绪趋于理性。过多的文字描述容易干扰他们的思维，在选择时产生障碍。

因此，在进行文字描述时，只要准确介绍出商品的型号规格、技术性的指标、日常维护保养知识、日常故障的排除处理即可。如果想要给买家营造温馨和专业的售后服务，可以在描述的最后加一些补充文字或店主寄语，但不要太长，点到为止。

（五）饰品类店铺的装修技巧

大多数买家在选择饰品类网店时，是被琳琅满目的种类吸引进店的，也有很多消费者表示，他们往往最注重饰品类网店的第一印象，一些具有别致的装修且富有情趣的小店，更能吸引他们的注意，也更容易让他们产生购买的兴趣。

在装修饰品类网店时，可以注意以下几点：

1. 主页富有视觉冲击力

在设计店招时，可以选择的风格很多，无论是可爱式、现代式，还是华贵式，都一定要符合一个原则，那就是醒目。

喜欢饰品的买家，总是容易被一些色彩艳丽，或是光彩照人的物品吸引，这也是饰品起到的作用。那么在设计网店时，一定要与店面中出售的饰品一样，充满诱惑力，让消费者第一眼就会喜欢上你的店面，在潜意识里对你的网店产生认同感。

其实，具有视觉冲击力的效果，更多的是新意和创意，可以在网店页面上设计一些别致的造型，让买家过目不忘，即使并未在第一时间产生购买行为，当日后想到要购买饰品时，就会到你的店里看一看，渐渐地养成习惯，促成交易。

2. 店铺色调要明亮

除了一些具有明显民族特色的饰品，或是古色古香的饰品需要深沉的色调来彰显饰品的古朴和珍贵以外，大多数的现代饰品都需要一个明亮的色调来衬托。这种明亮的色调就像是实体店铺中明亮的灯光一样，可以让饰品看起来更加闪耀动人。

然而，明亮的色调不代表炫目，也不代表整个页面的色调都一亮到底。在选择色调时，要注重层次的渐变，增强页面的气氛和商品的表现力。

明暗结合、虚实结合，一个完整的页面就这样被分割成若干个区域，更方便买家的选择。

3. 用色彩衬托商品

不同种类的饰品，选择什么样的色彩来衬托，也非常有讲究。不同色彩的页面，会让饰品看起来有不一样的感觉。

偏红色的暖色调，会让饰品显得更加热烈；蓝色和紫色会让饰品显得高贵典雅；黄色会让饰品显得活泼明快；橘色会显得饰品更加华丽。

当然，在选择页面色彩时，要对饰品的风格有清晰的认识。

如果是销售具有民族特色的饰品，或是有收藏价值的饰品，可以将网店的主要色调设计得昏暗一些，使饰品看起来更具有神秘感；如果是销售华丽或者活泼的饰品，则要使网店给人一种干净清新的感觉。

一定要注意，绿色和灰色在饰品类网店的装修过程中，是不建议使用的，因为这两个色调与饰品搭配在一起，会产生令人生厌的感觉。

4. 注重色彩的搭配

单一的色彩会给人带来枯燥乏味的感觉，因此，网店中也需要尽量通过色彩的搭配，提升店铺的活跃感。

饰品类网店的大部分顾客都是女性，比起单一的白色，她们更喜欢混搭在一起的各种颜色。不同的颜色代表不同的意境，具体如何搭配，也可以根据店主的喜好而决定。

不过，颜色的搭配不代表复杂和混乱，既丰富又协调的色彩搭配，往往会让网店加分不少。

5. 不要拒绝混搭的装饰

如今，许多实体饰品店铺也已经开始采用混搭的装饰风格，因为混搭已经成为了一种时尚。不过，混搭不意味没有规律，更不是凌乱，而是在混乱中体现出一种整齐，也就是人们现在常说的美丽的混乱。

可以考虑在页面设计时，将不同种类的商品放在一起，形成实体店铺橱窗展示的效果，给人一种既温馨又亲切的感觉。虽然这样的搭配看似混乱，但是比起单一商品的展示，更具有丰富性，也更容易刺激买家的消费欲望，让买家在店里产生流连忘返的感觉。

（六）生活用品类店铺的装修技巧

生活用品类店铺，在网店中也占有着很大比例，与其他种类的网店相比，生活用品类网店中的商品种类更加丰富，也更加实用。在人们的生活中，每一天都会使用到各种各样的生活用品，因此，体现出生活用品的功能性和品质感，比让人眼花缭乱的外观更加重要。

将生活用品的详情页面做好，可以吸引更多的流量和点击率，商品页面本身就是一种推广方式，往往在商品成交与否过程中起着至关重要的作用。因此，在装修生活用品类网店时，商品的详情页面不容忽视。

在装修生活用品类网店时，可以参照以下几个方面：

1. 充分展示商品卖点

越是日常生活中使用最多的商品，越是容易在网络中搜索到大量的同类商品。除了同款卖家之外，仿制品也不在少数。在商品的海洋中怎样让买家最终定位到你的网店，并最终购买你的商品，这就要求卖家让自己的网店更具特色，凭借他人无法企及的优势来吸引买家。

可以注重以下方面的展示，既显示出差异化，又更好地发掘出商品的卖点。

（1）让商品的设计显得更加有创意，外观看上去更加简洁美观；

（2）充分展示商品可以适用的空间，最好是卧室、厨房、客厅均可适用；

（3）商品质量优秀，方便、耐用；

（4）给人以环保的健康感觉，既能带来视觉的享受，又让买家用着放心；

（5）突出商品的材质，也是品质的保证。

2. 做好逻辑框架结构

（1）图片美观、清晰

几乎任何一家网店都应该将图片的美观和清晰作为最基本的要求，因为商品的图片能够给买家带来最直观的感受，比起文字，图片给人的感觉更加透明，也更加亲近。生活用品类商品更是如此，这是最贴近生活的一类商品，需要卖家注重对商品实物的拍摄，因为买家对商品的了解，就是从图片开始的。

（2）体现商品的功能和性能

每一位消费者都希望自己购买的商品有美丽的外观，但与外观相比，商品的功能和性能却显得更加重要。

尤其是对于那些理性的消费者而言，商品的质量是否过硬、商品的功能是否强大似乎比商品的外观更加重要。因此，在网店装修时，一定不要忘记对主要商品的功能和性能进行展示。

（3）打消买家疑虑

有些卖家会认为，买家的疑虑需要通过双方在沟通和聊天的过程中去打消。其实，这是一个误区，只要注重网店装修中的一些细节，买家在自己浏览网店时，就会将心中的疑虑渐渐打消。

买家在购买生活用品时，当了解了商品功能之后，往往注重商品的颜色和细节，因此在装修店铺时，可以选择一些商品原材料的装饰元素，以及商品的基本构造，让买家一目了然，也就不会产生疑虑了。

（4）设立推荐与优惠区域，促成销售

许多买家在逛街时，会对打折促销区产生一定的兴趣。因为打折的东西不代表不好，也许是过季，也许是清理库存，但是，打折的商品一定意味着一点，那就是便宜，这就对消费者造成了足够的吸引力。

在装修网店时，也可以单独设立一个优惠促销区域，用优惠吸引消费者光顾，从而带动其他正价商品的消费。

也可以设立配套推荐区，给消费者呈现出配套后的完美形象，既是给消费者一个参考，也很有可能将整套搭配的产品一同销售出去。

3. 将焦点聚集在主信息区域

主信息区域涵盖的内容很多，可能是优惠促销信息，可能是店铺公告，也可能是店铺的介绍，这部分区域可以根据卖家的需求经常进行更换。但一定注意，这是整个页面中最具有价值的区域，一定不要浪费，而要通过这一区域充分体现店铺的特色，吸引消费者的眼球。

（七）其他类型店铺的装修技巧

除了以上列举的网店种类以外，网店还涵盖了母婴用品、影视音像、书籍、娱乐等多种多样的种类。不同种类的网店，在装修时的要求也不尽相同。在此，我们无法一一列举。不过，任何一个种类的网店，在装修时都有一些相同的共性，在这里，我们可以进行简单的列举。

1. 符合大众审美标准

设计与绘画、音乐一样，也是一门高深的艺术。如果用一个字来对所有的艺术种类进行形容，那就是"美"。再资深的设计，尤其是网页设计，如果拿不出符合大众审美标准的作品，也无法称之为成功。

在网店装修设计中，想要抓住大众审美标准，可以参考以下三点建议：

（1）风格独特

个性鲜明的网店，才能给消费者留下深刻印象。这是专属于你网店的特色，也是与其他网店加以区分的标志。

（2）和谐的色彩搭配

任何一种需要大众认可的艺术，都需要充分考虑大众的认知和喜好。夸张的色彩可能会造就出价值连城的艺术品，却未必能够让普通消费者欣赏。因此，装修店铺时，色彩的搭配一定要给人一种和谐和愉快的感觉，避免单一，也要避免花哨，否则，都会给买家造成视觉疲劳。

（3）大胆创新

墨守成规，就注定在茫茫商海中成为被淹没的对象。即便是要符合大众的审美，也不要害怕特立独行。从众人的视线中跳出来，就已经成功了一半。

2. 了解色调的作用

色彩不仅可以起到装饰作用，也是某些事物的代表和象征。比如，白色很容易让人联想到医院，军绿色很容易让人联想到军队，这些都是色彩带来的联想作用。

除此之外，色彩还包含着环境、文化、传统等内涵，合理运用不同的色调，也可以提高网店的艺术内涵，让网店的文化品位得到提升。

在对颜色进行合理运用之前，先要了解不同的色调，代表不同的含义。

（1）暖色调

红色、橙色、黄色、赭色等色彩，都属于暖色调的范畴，这些色调可以为网店带来温馨、热情的氛围。

（2）冷色调

青色、绿色、紫色等色彩，属于冷色调的范畴，这些色调可以为网店带来宁静、高雅和清凉的氛围。

（3）对比色调

红与绿、黄与紫、橙与蓝，这些完全相反的色彩搭配在一起，就呈现出一个对比色调。对比色调可以产生强烈的视觉效果，为网店带来鲜艳、喜庆的氛围。

不过，如果将对比色调使用得不够恰当，反而会适得其反，不仅效果不佳，甚至产生刺眼和俗气的感觉。因此，在使用对比色调时，一定要让整体色调统一和谐。

同时，主色调应该与文字的颜色进行反衬。如果主色调深，文字的颜色就应该浅；反之，如果主色调浅，文字的颜色就应该深。如此才能相得益彰，互相衬托。

3. 主要的网店风格介绍

不同的网店装修风格，吸引的主要消费群体也不相同，以下列举几种比较受消费者欢迎的装修风格，可供网店卖家参考。

（1）新中式风格

这是一种让人引发怀旧情绪的风格，对中式风格的装修元素进行自由运用，如中国画、中国结等元素，无须太多，在页面中起到画龙点睛的作用。

（2）欧式古典风格

欧式古典风格的要点，就是要处处流露出尊贵典雅的气息，这种风格以华丽的装饰为主，配以浓烈的色彩、精美的造型，力求达到雍容华贵的效果。

（3）地中海风格

这种风格给人以碧海蓝天的清爽感觉，在美学中，这是一种有着独特美学特点的风格。地中海风格主要以柔和的色彩为主，在页面的设计上，更应该注重空间的搭配，每一寸空间都要进行合理利用。

但是要注意的是，虽然对每一个空间都不要浪费，却也不要让网店的装修显得琐碎，而应该彰显大方、自然、古老和尊贵的风格。

（4）田园风格

这种风格最重要是给人以自然的感觉，不过，也要具体参照网店销售中的产品来选择。不同的国家也有不同的田园风格，比如，中式、东南亚式或者欧美式，不同的田园风有不同的美丽和不同的特色，总之就是让买家在你的店面中找到一种沉醉于其中的感觉。

三、如何寻找空间相册

空间相册在网店经营过程中的作用非常重要，不仅用于上传商品的基本图片，像是一些商品说明等图片的相关信息，也用于通过网络空间进行保存和上传。对于网店店主来说，在网络中找到一个合适的存储图片的空间，等于为商品提供了一个强大的图片数据库。

图文并茂的介绍方式能提升商品和网店对顾客的吸引力，之所以要将图片存在空间相册里，是因为存储在空间相册之外的图片，是无法显示在网店中的。

并不是所有的网络相册都能提供网店图片显示的外链服务，因为这是一项非常消耗资源的服务，所以像 QQ、搜狐、网易等门户网站提供的网络相册，并不提供外链服务，这里存储的图片只能在本网站内显示。

而有些网络相册虽然提供外链服务，但并不支持电子商务类网站，也就不能在网店中显示。因此，在选择网络相册时，可以按照以下几类进行寻找。

1. 淘宝图片空间

这是网络空间相册中稳定性最高、功能最强大、操作最方便的一种。每一位淘宝卖家在创立淘宝店铺时，都可以获得 20M 的免费图片空间。使用免费的网络空间相册，可以降低卖家的开店成本，提升图片的管理效能，也能够增加图片的展示速度，保证数据信息的安全性。

不过，当 20M 的图片空间不足以满足网店店主的需求时，额外超出的部分将会收取一定的费用。

可以按照以下步骤，将图片上传到淘宝图片空间：

（1）登录淘宝账号，单击"卖家中心"。

（2）单击"店铺管理"下方的"图片空间"。

（3）单击"图片上传"。

（4）可以为将要上传的图片选择一个分类。

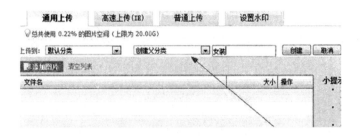

（5）单击"添加图片"。

（6）在弹出的"要上传载的文件"对话框中，选择要上传的图片。

（7）可以勾选"图片宽度调整"、"自动压缩"，单击"立即上传"即可。

2. 免费图片相册

目前网络上也有一些网站免费提供图片相册空间，这种方式适合刚刚创业的小店主，可以节省开店成本。不过，免费相册空间也有一定的局限性。有些图片相册会对图片的大小、格式有一定的要求，有些相册空间会在上传的图片上添加该网站的标识。

除此之外，免费图片空间的稳定性相对较弱，因为任何一个网站在运营过程中，都需要投入服务器、宽带、人员、技术和市场宣传等成本，一些免费网站如果不能保证本网站的存活，自然也就无法保证上传的图片永久存在，也就导致了网店中的图片无法显示的现象。

3. 收费图片相册

对于打算长期开店的网店店主来说，选择一款稳定的收费图片相册是比较好的选择。虽然这样的图片相册会收取一定的费用，但是除了提供基本的图片存储和外链以外，还会提供一些批量上传、批量外链、图片搬家、图片替换、图片合成、自定义尺寸、图片水印、图片批量下载、图片防盗链、网店模板等贴心的功能。

有时候，这些网站还会提供一些优惠活动，给网店卖家一些回馈，甚至获得免费的资格。

4. 博客存储图片

这也是一种免费的存储图片方式。可以专门申请开通一个博客，将图片存储在博客的相册里。当需要使用该图片时，在相册中右键单击图片，选择"属性"，复制图片的地址，然后回到网店的宝贝描述页面，插入图片地址即可发布。

5. 租用图片空间

在网店中也可以找到一些提供图片存储空间销售的店铺。选择购买这项服务之后，卖家会通过比较专业的服务器运营商来进行运营和维护，可以同时提供图片和 Flash 动画的上传，这样的图片空间也相对比较安全和稳定。

6. 租用虚拟主机

这种方式更适合在网上开店的企业或大型的网店卖家，可供建立专属于自己的购物网站。虚拟主机的系统相对稳定，管理也非常方便，并且支持多种类型的文件上传，不仅包括图片和 Flash 动画，甚至连网页也可以保存。

7. 选择图片空间相册的标准

不同的图片空间相册，除了提供不同类型的服务之外，收取的费用也不尽相同。很多网店店主在选择时会造成困扰，其实，只要能够同时满足以下标准，就可以视作一家合格的图片空间相册网站。

（1）收费价格适宜，不高于全网平均水平，符合网店店主承受标准；

（2）最好能够提供无限的空间和无限的流量，如果不能保证这一条件，所提供的空间必须足够网店卖家使用；

（3）可以满足各种格式的图片上传；

（4）图片外链代码类型可同时提供图片网址和图片 html 代码两种；

（5）具有图片搬家功能，只要是图片的存储路径统一，都能搬家；

（6）是否能够一次性上传所需要的全部图片；

（7）相册是否拥有独一无二的网址，并且图片的网址具有一定规律，可以方便代码的替换；

（8）能否为网店店主提供宣传；

（9）是否有专业的在线客服即时提供帮助及问题解答；

（10）是否承诺无条件退款。

四、巧妙设计装修素材

网店装修不仅可以让你的网店看上去更具吸引力，甚至可以成为让买家过目不忘的法宝。很难有人对一间装修得平淡无奇的店面留下深刻的印象，更不要提对这家店形成一定的忠诚度。

装修就是一间网店的门面，专业美观的设计自然能为店面加分，甚至让买家对店中的商品产生信任。很多时候，买家的购买行为是在冲动之下形成的，网店装修的作用之一，就是要让买家产生冲动的购物心理。因此，在装修店面时，除了基本的布置之外，还应该额外设计一些相对完美的装修素材。

（一）小公告栏的大作用

公告栏是一间网店的宣传区域，不要小瞧它的作用。店主可以在公告栏中发布网店的经营范围、最新信息、促销信息等内容，可以让买家在进店的第一时间就对网店以及活动进行了解。

1.默认公告栏

默认公告栏是淘宝为卖家提供的默认功能。当网店创建成功，即可在"管理我的店铺"页面设置公告栏。

淘宝默认公告栏具有以下特点：

（1）因为淘宝默认公告栏的样式也采取默认样式，因此卖家只能在此基础上添加公告内容；

（2）默认公告栏的样式无法更改，卖家在制作公告栏时，可以对默认的公告栏效果进行参考，使公告栏呈现的效果与店铺的风格更加符合；

（3）默认公告栏本身具备滚动效果，因此在制作公告时无须再额外添加滚动设置；

（4）公告栏内容的宽度限制为480像素，超出的部分无法在页面上进行显示，但是高度不受限制，可以任意设置；

（5）可以在公告栏中设置图片，但是需要提供图片的链接地址。

2. 图片公告栏

图片公告栏可以让网店的主要信息更加醒目，更加吸引买家的眼球。图片公告栏的制作和上传步骤并不复杂，大多数卖家都可以进行操作。

（1）将需要使用的图片上传到图片空间相册，并复制图片所在的地址；

（2）登陆淘宝账号，单击"卖家中心"——"店铺管理"，进入到店铺管理平台；

（3）单击"店铺装修"，进入店铺的编辑状态。如下图所示。

（4）单击公告栏上面的"编辑"超链接，打开公告栏设置页面。如下图所示。

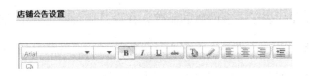

（5）单击"图片"图标，将会弹出"图片设置"对话框，在"图片地址"文本框中粘贴刚才复制好的图片地址，单击"确定"。如下图所示。

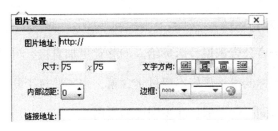

（6）图片插入成功之后，将在公告设置栏内进行显示，如果确认无误，可以单击"保存"按钮，图片公告栏即发布完成。

（二）店标，让买家一眼记住店铺

店标是一间网店的招牌，也是网店最重要的标志之一，可以让买家更容易地记住你的网店。

1. 店标的功能

并非只有网店公告栏才能完成网店信息的传递功能，一个设计精良的店标，也可以充分体现网店的精神、商品的特征，以及店主的经营理念等信息。因此，店标并不是一个简单的图片，而是一项艺术，体现出一定的艺术价值和功能。

（1）让网店更易于识别、便于记忆

店标往往代表了一个网店的品牌，在设计店标时，除了要充分表达出店铺的独特兴致，还要让买家通过店标，认同店铺的品质和情感，因此，一个与众不同的店标更能突出网店的个性。

店标是需要通过眼睛进行感知的网店元素，因此，一些夸张、抽象、重复的元素都可以让店标更加易于识别，便于记忆。

（2）表达网店信息

相对于语言公告来说，店标给人的感觉更加直接，可以达成瞬间记忆。因此，店标的设计最好不要过于含蓄，也不要过于复杂。用简单明了的方式可以同时起到醒目和识别性的作用。

同时，最好让买家通过店标，就可以体会到网店传递出的信息，起到事半功倍的效果。

（3）提升网店美感

买家在浏览一间网店时，也是对网店的审美标准进行一个考验。一个精美的店标会给买家留下深刻的印象，也会提升买家对网店的好感，对促成销售也就更近了一步。

2. 如何制作精美的店标

设计店标，也是对网店卖家的一个考验，在制作店标时，可以充分融入卖家的艺术想象力和对店面的情感。网店的店标分为静态店标和动态店标两种，卖家可以按照以下方法，尝试自己设计店标。

（1）静态店标的制作

静态店标的制作方法相对简单，一般包括文字和图像两种元素。可以单独以图片或文字的形式进行体现，也可以同时包括文字和图片。

在制作店标时，需要运用 Photoshop 等图片制作软件，如果想将自己商品的 LOGO（商标）作为店标，可以用数码相机对 LOGO 进行拍照，再通过 Photoshop 软件抠图，提取 LOGO，再保存成图片。也可以利用扫描仪进行扫描，再通过图片编辑软件进行处理。

如果卖家自己具有绘画的功底，则可以将手绘的店标通过数码相机或扫描仪上传到电脑，再利用图片编辑软件进行处理。

（2）动态店标的制作

动态店标是以动画的形式进行呈现，需要多个图像和文字效果来构成。可以通过 easyGIFAnimator 或者 UleadGIFAnimator 等 GIF 制作软件来完成。

你需要准备的是背景图片和商品图片，以及需要表现在店招上的文字，再通过软件制作完成即可。

3. 上传店标

（1）登录淘宝账户，单击"卖家中心"——"店铺管理"——"店铺基本设置"。

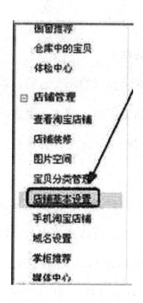

（2）单击"店铺标志"下方的"上传图标"按钮。

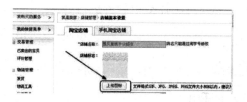

（3）在弹出的"选择要加载的文件"对话框中选择所需上传的店标图片，单击"打开"按钮。

（4）页面将返回"店铺基本设置"中，单击"保存"按钮，店标即可上传成功。

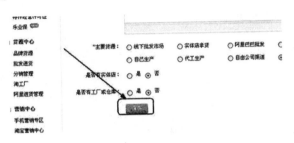

（三）分类按钮，方便商品查找

每一个网店中都有多款商品同时进行销售，拿服装店举例，店铺中销售的既有衣服，也有裤子和裙子，既有外套，也有 T 恤等款式。如何让买家在浏览过程中更方便地查找商品，分类按钮就显得尤为重要。

1.分类按钮也可以创新

虽然淘宝网也提供默认的分类按钮，但只可以显示文字形式。如果卖家足够用心，也可以用精美的图片代替默认的文字分类按钮，甚至可以制作动态效果，让你的分类按钮更加醒目，更加方便买家查找商品。

在设置分类按钮时，以下几点可供卖家参考：

（1）分类名称中可以填写英文或者汉字，以及方便查看的图标。

（2）分类按钮的设计应该与店铺的整体装修风格相符。

（3）宝贝分类的图片宽度不能大于 150 像素，高度则没有限制。如果宽度超过限制，有些电脑显示器中显示出的宝贝分类列表会下沉，影响美观。

（4）宝贝分类下方可以添加子分类，让分类更加详细与合理。

（5）在已有的宝贝分类下不能创建子分类，应先新建分类和子分类，之后再按照分类对宝贝进行转移。

2. 上传分类按钮图片

（1）登录淘宝账号，单击"卖家中心"——"店铺管理"——"店铺装修"。

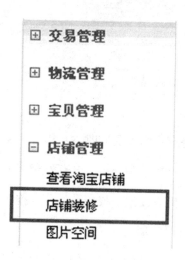

（2）找到宝贝分类模块，点击上方的"铅笔"图标。

（3）在宝贝分类管理页面中单击"添加手工分类"。

（4）单击"添加图片"。

（5）单击"插入图片空间图片"。

（6）如果图片空间中已有图片，可以直接进行上传，如果图片不存在图片空间中，可以点击"上传新图片"。

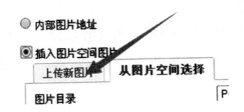

（7）在图片目录中选择好图片之后，单击"打开"，即可完成图片的上传。

（8）图片上传结束后，单击"插入"，宝贝分类就已经变成了图片形式，单击右上角的"保存更改"，即可完成全部操作。

（四）宝贝描述，为商品增色

一个吸引人的宝贝描述，等于在对商品进行推销，从而吸引买家购买。可以为商品设计一个漂亮美观的宝贝描述模板，无形中为商品增加销售的机会。

宝贝描述模板的设计和制作时，可以对以下几点进行参考：

（1）宝贝描述模板的设计风格非常重要，因为它代表着网店的形象，一旦确定宝贝模板的设计风格，店内的公告栏、店标等板块也可以按照这个风格进行设计；

（2）设计宝贝描述模板时，要符合浏览器的浏览要求；

（3）不要在宝贝描述模板中使用过多的大图，从而让页面能够更快地显示。

五、常用的网店装修工具

网店的装修从严格意义上来讲，等同于网页设计的范畴。目的是让网店的外观更加漂亮，从视觉上吸引更多的顾客，为店铺带来更多的成交量。

在装修网店时，主要通过文字、图像、音频、视频、动画等元素，可以运用单个元素，也可以将多个元素进行组合，让网店的外观更加丰富和饱满。在装修网店时，主要使用的工具是网页和图像编辑工具。

目前，装修网店可以使用的工具很多，但最常用的主要有四种，分别是 Dreamweaver、Frontpage、Photoshop、Fireworks。

一般来讲，这四种工具足够满足网店装修的各种需求，并且，在装修网店时，不需要同时使用这四种工具，其中 Dreamweaver 和 Frontpage 是制作网页的专业软件，Photoshop 和 Fireworks 是制作图片的专业软件。只要在两组软件中，任意选择两款进行组合使用即可。

1.Photoshop 软件介绍

Photoshop 是一款具有创造性的软件，在使用过程中，可以激发设计者的创造力，提升设计的速度，也让设计出的图像具有更高的质量。

在处理图像的众多软件中，Photoshop 一直占据着领袖地位。因为它不仅具有十分强大的功能，还具备更加广泛的使用范围，同时可以支持多种图像格式以及多种色彩模式。

在处理图片时，Photoshop 可以任意调整图片的尺寸、分辨率以及画布的大小。除了具备图片编辑功能之外，Photoshop 还可以设计网店页面的整体效果图、网店标志、网店分类按钮和网店促销广告等。

2.Fireworks 软件介绍

Fireworks 是第一款专门为网店制作而开发的软件。它可以完成各种图像的导入工作，其中包括 Macintosh 的 PICT、FreeHand、Illustrator、CorelDraw8 的矢量文件、Photoshop 文件、GIF、JPEG、BMP、TIFF，以及 ASCII 的文本文件。

Fireworks 可以对矢量文件中的绝大部分标记进行辨认，也可以轻松辨认出 Photoshop 文件的层。它的功能也十分强大，具有强大的动画功能，以及完美的网络图像生成器。对于切图和生成鼠标动态感应的 Javascript 等功能更是不在话下。

Fireworks 为图像设计人员和网站管理人员面临的问题，提供了更加创新的解决方案，可以在单个文件中创建和编辑位图，以及矢量图像，还可以通过修剪图形来减小文件的大小，自动完成重复任务，以节省更多时间。

3.Dreamweaver 软件介绍

人们喜欢将 Dreamweaver 称作"网店页面排版软件"，因为它是使用最广泛的一款"所见即所得"的网店页面编辑工具。

因为 Dreamweaver 对 HTML 的支持，所以让许多炫目的网店页面特效制作起来非常容易。它的功能通过插件式的程序设计，得到了无限的扩展。

同时，Dreamweaver 与 Flash、Fireworks 两款软件在功能上有着紧密的结合，如果能够对这三款软件熟练使用，就可以获得成为一名高级网店设计者的资格。

4.Frontpage 软件介绍

对于许多网页设计人员来说，Frontpage 的操作可谓最简单、最容易，但是功能却又不输于其他网页编辑工具。

之所以说它的操作非常简单，是因为只要懂得使用 word，就几乎已经会使用 Frontpage 软件。即使不会使用 word，也不用去专门学习 HTML 语法，通过简单的练习就可以熟练使用。

不过，Frontpage 更适合入门级的网页设计者，因为虽然操作简单，但 Frontpage 也存在许多不足，例如浏览器的兼容性不好，导致制作完成的页面不能正常显示；在制作中会生成一些垃圾代码，或者自动修改代码，造成不便。

但是，对于大部分网店卖家来说，Frontpage 的功能足以应付网店的装修工作。

除了以上四种工具之外，一些小型的图片处理软件，在网店装修过程中也可以起到很大的作用，比如 Ulead GIF Animator 软件可以完成动态图片的制作、轻松水印软件可以轻松为宝贝图片打上水印等，网店店主可以根据自己的实际需要进行选择。

六、如何装修更能满足买家的购物体验

1. 给买家以视觉享受

一家网店的装修环境，可以给买家留下该网店的第一印象。在消费心理学中，第一印象非常重要。它决定了买家对你的网店是否存在好感，也决定了你的网店是否能在第一时间内抓住买家的眼球。

因此，为买家提供"视觉享受"，就成为了店铺装修过程中要坚持的一个最重要的原则。一个清新、唯美、和谐、人性化的网店装修，可以对交易的达成起着关键的促进作用。

2. 减少买家浏览网页的障碍

这一目的需要通过对图片的优化处理和优化背景音乐的设置来达到。图片容量太大，就会影响页面打开的速度，甚至会导致买家丧失掉浏览你的网店的兴趣，甚至关掉页面。

如果店铺中设置了背景音乐，也一定要减小音乐的容量，否则也会造成页面打开缓慢的局面。突然响起的背景音乐也会让买家吓一跳，或者影响购物的心情。因此，网店中的背景音乐一定要慎重选择。

总之，一切的设置都应该以让买家在最短的时间内打开网页为前提，清晰的图片和优美的背景音乐虽然彰显一定的品质，但如果应用不好，也会适得其反。

3.店铺分类要精练

网店中的许多显示功能，并非越多越好。比如，网店左侧的店铺分类模块，将商品进行分类，的确方便买家对商品进行查找。然而，大量的文字和类别，不仅起不到方便查找的作用，甚至对买家的选择造成困扰。

因此，商品的分类最好精练，区分出主要的类别即可，可以图文并茂，并通过下拉列表的方式呈现。

4.研究买家习惯

买家在购物时，总是喜欢看到新上市的商品、最畅销的商品，以及打折优惠的商品。可以在公告栏等界面对这些信息进行单独呈现，让买家在进入店面的第一时间看到这些信息，既省去了买家的搜索时间，也提高了商品的销量。

5.注重店铺介绍

许多网店店主在装修网店时，会忽视掉店铺介绍的重要性，这是非常错误的行为。店铺介绍不仅代表了网店的形象与实力，同时也体现了网店的精神面貌，以及店主的经营理念，因此，不仅不应该忽视，反而应该精心制作。

6.合理利用掌柜推荐

掌柜推荐的商品，代表了网店店主的审美，因此，这个区域的商品一定要经过慎重选择。应该紧跟流行趋势，选择一些符合当下审美，具有一定代表性的单品，最好是时尚和热销的新品，并且已经产生过交易，让买家更放心购买。而没有交易记录的商品，只会让买家产生观望心理，不敢轻易购买。

据研究数据显示，掌柜推荐的商品，成交率往往比较高，因此一定要认真选择，合理利用，不要浪费这样一个宝贵的区域。

7. 宝贝图片要精美

这也是非常重要的一点。网店中的商品主要通过图片和文字来进行展示，而其中，图片的展示作用更大于文字。它可以为买家提供更加直观的感受，因此，宝贝的图片应该尽量精美、清晰，体现出商品的外观和细节，并且以居中的方式进行整齐排列，不要给买家造成混乱的视觉困扰。

8. 宝贝描述要详细

标题也是宝贝描述的一部分，最好带有新意和创造力，以及包含买家在搜索商品时喜欢用的关键词，比如"畅销"、"热卖"等词汇，让文字更具备感染力。

在宝贝的描述中，应该详细描写出商品的规格、尺码、材质、保质期、是否无条件退换等元素，让买家更加一目了然。

不过，无论是标题还是细节描述，都一定要最符合电子商务平台的管理规范，以及国家的法律法规要求。

9. 策划专题专区

如今，像 11 月 11 日 "光棍节"、12 月 12 日 "双十二" 这样的日子，已经被网络销售平台打造成了专属节日，而圣诞节、情人节、春节等这样公认的节日更是不容错过的商机。

因此，在装修网店时，可以专门开辟出一个专题专区，专门呈现节日商品。也可以在自己的网店中创造一些话题或专题，比如"搭配专区""街拍达人"等，为网店博取吸引力。

10. 插入店铺促销

买家在浏览网店时，大多数是通过搜索单品的形式进入，看到的只是某一款商品的页面。因此，可以在单品页面中植入一些店铺的整体促销信息，吸引买家浏览整个店铺，多方面促进交易达成。

第四章

电商常识图片篇：

拍摄 + 美化

网络购物的买家无法真实看到、触摸到商品，查看图片和文字描述是了解商品的唯一途径。宝贝的靓照往往能提升买家的视觉体验，增加成交的概率，而如何最大限度地降低色差、以图片形式还原商品，也决定着买家收到产品后的好评度。

一、选择拍摄器材

网店中的商品图片，需要满足最基本的两条要求，即清晰和美观。如果想达到美观的效果，需要借助 Photoshop 等图片编辑软件来完成。而保证图片的清晰度，则需要准备一台符合商业摄影条件的数码相机。

1. 如何选择数码相机

如今，大部分家庭都至少拥有一台用于日常生活拍摄的数码相机，但一些家用数码相机并不具备拍摄商业图片的功能。用于商业摄影的数码相机应该具备更高的功能要求。

不过，在选购数码相机时，并不需要一味地追求顶级配置，只要具备一些必要的功能，再通过灯光、布景、摄影技巧以及后期图片处理，完全可以达到专业商业摄影的效果。

只有需要印刷大幅海报或宣传册的图片，才需要达到千万以上的像素。用于网店商品的数码相机，像素达到 300 万 ~500 万就已经足够使用了。因为电脑显示器上呈现出的图片效果，无法达到印刷制品那种纤毫毕见的效果，图片的大小也不会太大，因此，完全不必担心图片放大之后出现马赛克的现象。

在选购数码相机时，只要符合以下几点要求，就足够网店卖家拍摄出清晰的商品图片。

（1）感光元件适用即可（CCD）

感光元件相当于一台数码相机的心脏，它取代了传统相机中胶卷的作用，是数码相机中用于记录图像的载体。

感光元件无须额外安装，而是与数码相机一体共存的，它是数码相机中最关键的技术。因此，在选购数码相机时，应该将感光元件的尺寸作为重要的参考条件。

感光元件的重要作用，就是决定了图片的像素质量。一般来讲，感光元件的尺寸越大，像素质量也就越高。

不同的感光元件尺寸，可以记录出不同的图像大小。也就是说，在拍摄同一个物品时，感光元件尺寸越大，所能记录的图像尺寸也就越大。因此，在同一款价位的数码相机中，应该选择感光元件尺寸较大的一款数码相机，从而保证在拍摄时，记录下与物品原大小相近的图像，画面的质量也就更加优异。

（2）手动模式必不可少（M模式）

手动模式可以更加灵活地控制光线，保证拍摄出来的照片色彩更好，也具备更好的感染力。手动模式包括快门优先、光圈优先、手动曝光、AE锁等模式。

数码相机的曝光计是一款非常精密的传感器，一般来讲，数码相机都是通过内置的曝光计来测量光亮，不过，它只能测量朝相机方向反射过来的光亮。

曝光计可以测定出应该通过多少光线，才能使感光元件得到清晰的图像，因此，曝光量的多少决定着照片成像质量的好坏。

（3）具备外接闪光灯的热靴插槽

数码相机并不像人类的眼睛那样智能，如果处于黄色灯光之下拍摄一个白色的物品，数码相机无法准确拍摄出物品原有的颜色。尽管数码相机具备一定的白平衡调节功能，但是仅仅这一项功能也无法让图片中的物品呈现出完美的颜色。

如果想对物品的颜色进行准确展示，除了手动调整曝光值之外，还需要注重照明，数码相机的电子闪光灯在此时就显得必不可少。

电子闪光灯可以辅助数码相机拍摄出最准确的商品颜色，因此，在选购数码相机时，一定要确定可以外接电子闪光灯。即使目前销售的商品暂时不需要使用这个功能，但为了长远打算，还是应该尽量让数码相机的功能得到完善。

判断一款数码相机是否具备外接电子闪光灯的功能，就是要查看机身顶端是否设置了热靴插槽。热靴插槽就是数码相机与闪光灯的电子接点，将电子闪光灯安接到热靴插槽上之后，在按下快门的一瞬间，拍摄信号会通过热靴插槽的电子接点传递到外置闪光灯上，闪光灯即可发射出闪光，为商品拍摄提供合理的照明。

如果想确认一款数码相机的热靴插槽是否可以外接电子闪光灯，只需要记住以下两点诀窍即可：

①看接点

有些数码相机虽然具备热靴插槽，但热靴插槽内侧却并不具备接点。这样的热靴插槽只是一个单纯的照明底座，并不具备热靴功能，也就无法起到外接电子闪光灯的作用。

②看位置

可以外接电子闪光灯的热靴插槽，应该位于数码相机机身的顶端。如果数码相机的热靴插槽设置在机身的侧面，则只能链接该相机制造商出产的闪光灯，不能连接多种外置闪光灯，在兼容性使用功能上具有一定的局限。

（4）微距特写功能不可忽视

目前市面上的大多数数码相机，都具备微距特写拍摄功能。微距拍摄的作用，就是能够清晰地拍摄出离相机镜头非常近的物体，能够清晰地拍摄出物体的细节，即使将商品的细节放大之后也依然能清晰地展现在买家的面前，从而让买家对商品的细节更加了解，也更加信任。

想要判断一款数码相机是否具备微距拍摄功能非常简单，只要看机身的按钮上是否有一朵"小花"的图案，无论什么品牌，都是使用这个图案来代表微距拍摄功能。即如下图：

微距拍摄功能图标

但是在选购数码相机时，一定不要陷入一个误区。虽然网店中的商品展示需要对部分细节进行呈现，但前面讲述的另外三项功能，比微距拍摄功能更加重要。不能单纯为了微距拍摄效果而忽略了感光元件、手动模式和外接闪光灯的重要性。否则，这样一款数码相机虽然能够很好地拍摄细节，却无法保证较大图像的拍摄效果。

（5）相机质量与售后服务

数码相机内部拥有许多精密的电子元件，因此震动和潮湿的环境，都容易让数码相机产生故障。尤其是像镜头和感光元件这样的装置，维修费用甚至与购买一台数码相机的费用相媲美。

因此，除了要充分考虑数码相机的质量之外，还要看是否能够提供完善的售后服务，相机的维修点分布是否广泛，方便后期的维修和其他售后服务。

2. 如何使用数码相机

与"傻瓜"式相机不同，用于商业拍摄的数码相机，需要通过手动模式对一些功能进行设置。因此，要想拍摄出清晰、美观的商品图片，需要对数码相机的基本结构、功能和操作方式进行一定的了解。

（1）熟悉数码相机的"四个面"

"单反"相机，也就是单镜头反光，即 SLR(Single Lens Reflex)，目前，大多数 35mm 照相机都采用这种取景器。

每一款数码相机在销售时都会搭配一份专业的使用说明书，在操作数码相机之前，最好是对说明书进行仔细阅读，了解数码相机每个部件的基本功能和操作方法。

可以通过数码相机机身上的"四个面"，来对相机进行一个初步了解。

①正面

a. 镜头卡口

在拍摄时，会根据具体的需要，在镜头卡口部位安装不同功能的镜头。一般来讲，相机镜头分为标准镜头、微距镜头、广角镜头和长焦镜头等。

b. 快门

相机快门，是在拍摄照片时必须使用到的一个按键。要注意的是，在拍照时，不要一下子将相机快门按到底部，而是先按下快门的一半，用于对焦，确定焦点之后，再完全按下相机快门，完成拍摄。

c. 手柄

数码相机机身上的手柄适合于横向拍摄照片，如果需要大量拍摄竖版照片，可以在相机机身上额外安装竖握手柄。当拍摄竖版照片时，竖握手柄可以让拍照者拿相机的姿势与横向拍摄时相同，更方便操作。

同时，额外安装的竖握手柄都带有备用电池，在拍摄时，可以延长相机的拍摄时间。

数码相机正面

②背面

a. 液晶监视器

液晶监视器可以显示菜单等文字信息，对相机的基本功能进行设置。也可以在拍摄时观察拍摄到的画面图像，同时查看拍摄图像的放大细节。

b. 取景器目镜遮光眼罩

在通过取景器目镜观察要拍摄的画面时，眼罩可以有效地放置外界光线带来的影响。

c. 屈光度调节按钮

可以帮助近视或者远视的拍摄者调整屈光度数，使拍摄者在不佩戴眼镜的情况下也能看清取景器里的景物。

d. 自动对焦选择按钮

这一功能可以在不改变构图的前提下，清晰地拍摄出商品某个部位的标志和细节。

e. 菜单按钮和设置按钮

菜单按钮用来调节相机各功能，在使用时需要配合设置按钮来移动选择菜单项目。

f. 回放按钮

可以用来及时查看照片的拍摄效果。

g. 删除按钮

如果拍摄出效果不理想的照片，可以通过删除按钮进行删除。

数码相机背面

③顶面

a. 电源开关

可以通过拨动电源开关来打开和关闭数码相机。

b.ISO 感光度设置按钮

这个按钮可以对不同的感光度进行调节。如果是在阴天进行拍摄,
需要将 ISO 感光度调整到 200；而拍摄光线不足,或正在运动的物体,
需要将 ISO 感光度调整到 400 或者更高。不过,随着 ISO 感光度的升高,
照片中的"噪点"也会随之增加。

c. 对焦模式开关

这个开关可以用来设置相机是使用自动对焦还是手动对焦。

除此之外,相机顶面还有用于外接电子闪光灯的热靴插槽和选择曝
光模式的转盘。

数码相机顶面

④底面

a. 电池仓

用于安装和更换数码相机的电池。

b. 三脚架接孔

在拍摄时，为了保持长时间曝光时相机的未定型，需要在相机底部外接三脚架。三脚架接孔是通用标准，任何一个厂家和型号的三脚架都可以安装。除此之外，竖式拍摄手柄也可以通过三脚架接孔进行安装。

数码相机底面

（2）三步完成照片拍摄

① 正确设定参数

在初学阶段，可以通过数码相机的自动拍摄功能来拍摄照片。

a. 将功能模式按钮调整到"拍摄"模式；

b. 将曝光模式按钮调整到"自动"选项；

c. 将拍摄模式调整到"单张拍摄"模式；

d. 将闪光灯模式选择为"自动"。

②取景

可以通过液晶显示屏来进行取景。在取景时，眼睛和液晶显示屏要保持垂直角度，这样，显示屏中显示的画面就是你要拍摄的画面。可以通过机身后面的缩放控制按钮来调节画面的远近和大小。

③ 按快门

在拍摄时，要先半按快门进行对焦，液晶显示屏会提示获焦成功，然后再完全按下快门。在按下快门的同时，握住相机的手一定要稳，不要晃动，才能保证拍摄出的画面清晰。

二、选择拍摄场地

一张漂亮的商品图片，可以成功刺激起买家的购买欲望。想要拍摄出精美的商品图片，拍摄的场地和环境也要进行精心选择。一般来讲，可以按照商品的类型选择合适的拍摄场地。

1.室内拍摄

室内拍摄比较适合小件的商品。因为商品本身的体积很小，占地面积不大，一个单纯的环境空间更加能够突出商品的细节，也免去了布景的麻烦。如果不具备一定的摄影道具和条件，简单的桌面、白色的墙纸，或者窗边的自然光也可以满足拍摄的需求。

不过，如果想让照片的效果更加精美，则需要合理搭配布景和灯光。

普通室内拍摄，与在摄影棚拍摄不同，需要对室内多余的杂物进行仔细清理，否则杂乱的背景会严重影响照片的拍摄效果。即使可以通过后期修图处理，也要花费不少的时间和精力。

（1）室内拍摄常用道具

①反光板

如果室内灯光不够亮，则需要借助反光板进行补光。市面上常见的反光板有金银双面，可以折叠，方便携带和储藏。

在拍摄时，使用反光板可以将光线集中，调整出适合的光质。可以改变主体的色温，也可以使主体更加突出。

不过，使用反光板时需要另一个人的配合，拍摄者个人无法完成。

②墙纸、背景布

其实，在室内拍摄时，可以作为背景来使用的道具不只局限于这两种，生活当中的许多材料都可以用于背景的布置。不过，墙纸和背景布相对来说比较容易实现。

单色或带有花纹的墙纸和背景布，都非常适合为小型商品充当背景，让照片的主体更加突出，也更加美观。

（2）室内拍摄技巧

①选取恰当的场景

如果只是将商品随便放置在一个地方进行拍摄，照片的效果很难达到美观的程度。这个时候就需要为商品营造一个美观的背景和氛围。除了墙纸和背景布之外，要学会利用身边一切可以利用的东西。

拍摄的场景不要过于复杂和纷乱，充当背景的物品更不要抢了拍摄主体的风头。将商品放在一大堆物品中间是非常不科学的做法。背景颜色最好与拍摄主体的颜色相衬托，一般来讲，像白色、淡黄色、淡绿色这一类的淡色和纯色比较适合充当背景颜色，这几种颜色与大部分的商品颜色都比较协调。深色和杂色的背景一般不太适合作为商品的背景色。

②创造足够的光线

如果室内的光线不够明亮，会大大影响照片的质量。这个时候反光板就派上了作用。对于商品的拍摄来说，柔和、明亮的光线是必不可少的拍摄因素。

③多尝试几种拍摄角度

为商品拍摄时，尽量多尝试几种角度，尤其是对于拍照的新手来说，只有多尝试，大量拍摄，才有可能挑选出精美的照片。可以为商品的全景、特写、正面、侧面进行全方位的展示。

全景照片更适合充当商品的标题图片，买家即使不看标题文字，也可以通过照片判断出你卖的是什么。其他角度的图片可以用于商品的描述中展示，配合文字，让买家对商品了解得更透彻。

2. 户外拍摄

大型商品、衣服、鞋子等商品，更适合在户外的场地进行拍摄。户外拍摄的优势是光线比较充足，可以将优美的风景或建筑当作拍摄的背景，更能体现出商品的风格，也让商品的展示变得更有个性。

不过，户外的光线条件也随天气和时间而改变，在光线不足时，也需要借助反光板进行补光。

（1）根据商品风格进行选择户外场景

不同的商品，需要不同的户外场景进行衬托。以服装为例，具有夏威夷风情的长裙，比较适合在海边拍摄；运动服则适合在跑道或林荫道拍摄；时尚的都市女装适合进行街拍；青春、活泼的服装适合在游乐场、公园等色彩鲜艳的环境中进行拍摄。

在拍摄时，可以通过试拍几张，找准曝光组合和拍摄角度，根据试拍的照片，确定是否需要调整角度，光线是否欠曝或者曝光过度，是否能够展示出拍摄主体的细节等。直到将各方面的因素调整到最适合的角度，再进行正式的拍摄。

（2）户外拍摄技巧

①抓住早晨和傍晚的光线

早晨日出之后和下午日落之前是一天当中最适合拍照的两个时间段，一般为上午 9 点左右和下午 17 点左右最为适宜。其他的白天时间光线太强，尤其是中午的阳光直射在头顶和脸上，会形成不均匀的光斑。而日落时分的光线又太暗，不足以展示出图片的细节。

②阴天更适合拍人像

晴天的光线确实足够明亮，但对于服装类等需要模特进行展示的商品来说，晴天的光线有些太过刺眼。因此，稍微有一些阴天的天气，最适合用来拍摄人像。

如果一定要选择晴天进行拍摄，那么在拍摄过程中，一定要避免光线直接照射在脸上和身上，更不能背光拍摄。只要周围的光线足够均匀，没有刺眼的感觉，就可以进行拍摄。

③注意布局

即使可以通过图片编辑软件对图片进行裁切，在拍照时也应注意画面的布局，也就是构图。不要让周围的景物影响到拍摄主体的美观，比如塔和树等，不要压制在拍摄主体的上方，更不要把拍摄主体放置在取景器两侧，否则可能会导致拍摄主体变形。

如果是拍摄模特，则尽量不要让模特站在画面的中间，否则画面看起来会显得死板。

④防止抖动

在户外拍摄时一般不会将相机固定在三脚架上拍摄，而由拍摄者移动拍摄。因此，一定要拿稳相机，在拍摄的一瞬间保持静止，否则可能会造成画面模糊。

⑤尽量不用闪光灯

在户外拍摄时，应该尽量借助户外的自然光线，如果光线不够可以用反光板进行补光。在户外使用闪光灯进行拍照，可能会使画面显得生硬，不够自然。

3. 简易摄影棚拍摄

这种拍摄方式同样适合体积比较小的商品。简易摄影棚俗称"亮棚"，是一种周围覆盖着柔光布的折叠软箱。它可以为商品提供一个毫无干扰的拍摄环境，在图片使用时，抠图也更加方便。

三、熟练掌握拍摄技巧

除了天生的艺术灵感之外，熟练掌握照片的拍摄技巧，也可以拍摄出精美的图片。想要掌握熟练的拍摄技巧，需要通过大量的拍摄练习，也要熟悉相机的基本功能和设置，只有这样，才能让网店中的商品图片成功地吸引买家的眼球。

1. 光圈调整

用数码相机拍摄出的照片曝光度是否合适，取决于是否有合适的光线，通过机身上孔洞投射到感光器上。如果光线刚好合适，照片的曝光度就正确，如果光线过多或过少，照片就会曝光过度或者曝光不足。

而数码相机的光圈调整功能，就可以任意调整机身上孔洞开启的大小。光圈调整到越大，进光量就越多，反之，进光量就越少。

数码相机用"f"值来表示光圈值的大小，f值越小，光圈越大；f值越大，光圈越小。

2. 曝光补偿

这也是一种通过手动方式调节曝光补偿值的方式，用于增加或降低拍摄时的曝光量，从而使要拍摄的商品获得最合适的曝光量，让画面的亮度和对比度达到最佳状态，具有良好的视觉效果。

在拍摄时，所处环境的光线过亮，拍出的照片就会呈现曝光过度；

反之，如果所处环境光线过暗，拍出的照片就会呈现曝光不足。这两种状态都不是照片的最完美状态，这时就需要调整曝光补偿来控制光量。

相机判断的曝光值合适的照片，一般为"无曝光补偿"，也就是±0EV。一般常见的曝光补偿调整在±2~3EV左右。无论是正向曝光补偿还是负向曝光补偿，补偿值越高，亮度变化就越明显。

然而，照片呈现的效果是否满意，还要由照片的效果是否满足网店的需求来确定，不能完全以相机判断的标准为准。

3. 景深效果

在拍摄时完成聚焦之后，在焦点前后范围内都能形成清晰的像，这一前一后的距离范围，就叫作景深。

（1）大光圈小景深，小光圈大景深

景深效果可以通过调整光圈进行控制。相机的光圈，仿照了人眼瞳孔的原理。当瞳孔放大时，看近处的物体非常清晰，远处的画面就会显得模糊，而当瞳孔缩小时，视力范围内的所有物品都会变得非常清晰。

比如，把一根手指放在眼前，集中注意力看这根手指，就会发现，手指之外的物品变得非常模糊。而如果将手指拿开，看向远方，就会发现眼前的全部景物都非常清楚。

当采用小光圈进行拍摄时，对焦点区域的拍摄效果就会非常清晰，其他区域就会变得模糊；当采用大光圈进行拍摄时，整个画面都非常清楚。

（2）大焦距小景深，小焦距大景深

在拍摄时调节相机镜头，使景物逐渐清晰成像的过程，叫作对焦，景物所在的点，叫作对焦点。

景深的大小，与焦距的长短也有关，焦距长的镜头，景深就小，而焦距短的镜头，景深则大。

（3）大距离大景深，小距离小景深

这一法则可以运用到单个商品和全套商品的拍摄当中。为单个商品进行拍摄时，可以采用较小的距离、较小的景深，突出商品的主体和细节；而在拍摄全套商品时，可以采用较大的距离和较大的景深，让全套商品中的每个单品都清晰呈现。

4. 白平衡

我们在前面的章节介绍过，数码相机并不像人眼那样智能。在大部分光线下，白色的物品呈现在人们眼中的颜色依然是白色，然而数码相机是根据侦测到的光源来显示物品的颜色，有时呈现蓝色，有时呈现黄色，有时呈现红色。

为了使物品被还原成本来的颜色，就需要使用到白平衡功能。从字面上理解，白平衡就是实现白色的平衡，是描述显示器中红、绿、蓝三基色混合生成后白色精确度的一项指标。也就是模仿人类的大脑，根据光源来调整色彩，让白色物体能够呈现出原本的白色。

在设置白平衡时，可以通过以下两种方式。

（1）根据光源种类设置白平衡

在不同的光源条件下，如果白色能够得到还原，其他的颜色自然也可以得到还原。可以在拍摄之前就在菜单中对白平衡进行设置，也可以先拍摄一些照片，再根据照片的感觉对白平衡进行设置。

一般的数码相机都可以根据光源种类对白平衡进行调整，白天、阴天、白炽灯、荧光灯、闪光灯等环境下，需要将白平衡调整到不同的模式。

①自动白平衡

一般的相机都可以设置默认白平衡，在这种情况下，相机可以决定画面中的白平衡基准点，从而对白平衡进行调整。不过，当所处环境的色温过高或过低，自动白平衡的效果还是无法达到完美的标准。

②日光白平衡

在户外摄影时，一般需要调整日光白平衡，根据日光的色调来对色彩进行调整。在各种拍摄环境中，日光的光线相对比较理想，颜色的比例也相对恰当。因此，这时很少需要对白平衡进行手动调整，自动的白平衡模式即可满足拍摄需要。

③白炽灯白平衡

与日光相比，白炽灯的光线色温要显得低很多，如果白平衡设置不当，照片的颜色会偏黄。因此，在白炽灯环境中拍摄时，需要将相机设置成白炽灯白平衡，色彩也就会获得基本的还原。

④荧光灯白平衡

相对于白炽灯，荧光灯的光源比较复杂。因为荧光灯的色调不同，有些偏冷，有些偏暖，在拍摄时必须确定荧光灯属于哪种光源，才能将白平衡调整到最适合的状态。

⑤多云、阴影白平衡

在多云的天气里，光线中的红色部分很容易被吸收和遮挡，造成色温偏高的现象。这时如果采用自动白平衡或者白日光白平衡，照片的颜色会偏蓝，无法呈现出真实的色彩。而多云、阴影白平衡模式，会很好地解决这一问题。

⑥闪光灯白平衡

虽然电子闪光灯的色温与日光非常接近，但是还是有一定的区别。因此，如果在拍摄时需要使用闪光灯，最好将相机白平衡设置成闪光灯白平衡模式，从而保证色彩的真实。

⑦手动调节白平衡

这一模式适合于光源复杂的环境。当无法确定该将白平衡调节到哪一个模式时，最好通过手动白平衡来还原真实的色彩。

不过，手动调节白平衡需要用一张白纸或其他白色物体靠近相近的镜头，作为参照物，来辅助完成手动白平衡的调整。

（2）根据色温高低设置白平衡

相对高端一些的数码单反相机，除了可以根据光源对白平衡进行调整之外，还可以通过色温值来进行调整。一般情况下，色温数值的调节范围在2500~10000K左右。

色温也是用于区别光的变化，从而解决拍摄过程中对不同光源的不同光谱组合。不过，色温表现的并不是光线的实际温度，色温值越低，图像的颜色会比较偏向红色；色温值越高，图片的颜色则比较偏向于蓝色。

不过，无论呈现出哪一种颜色，并不是光线本身的颜色，而是光谱中红或蓝的成分比较多。

在拍摄时，可以通过以下标准来对色温进行了解：

①蜡烛的色温为1800K。

② 100W 白炽灯的色温为 3000K，40W 白炽灯的色温为 2600K。

③晴天的色温为 5200K。

④阳光直射条件下的色温为 5000K。

⑤阴天时的色温为 6500~9000K。

⑥深蓝天空的色温可以达到 20000K。

5. 取景与构图

一张照片拍摄得是否美观，很大程度上取决于取景与构图是否合理。选择将哪些景物放入画面中，就叫作"取景"，而将镜头中的景物进行合理组合，则称为"构图"。

这两个步骤虽然有着不同的名称，但却是可以同时完成的。虽然现在的照片可以通过图片编辑软件在后期进行剪裁和调整，然而在最初拍摄的一瞬间呈现的构图，才是对一名拍摄者的真正考验。

数码相机的基本功能与操作，可以通过多次练习渐渐熟练并掌握。而取景与构图，除了多加练习之外，还需要具备一定的审美与艺术天赋。不过，审美也具有一定的规律可循，只要掌握了这一规律，也可以拍摄出具有美感的商品图片。

（1）取景的基本法则

想要让拍摄出的商品图片更加美观，能够起到打动买家的作用，不能完全依赖后期的修图工作，而应在拍摄的最初，通过数码相机的取景器，对商品本身和周围布景、景物进行仔细观察，明确自己拍摄的主题是什么，想要为商品营造出怎样的风格与氛围。否则，很难让买家明白，这样一张照片是在展示商品的哪一部分、哪一特点，也就不会让买家产生购买的欲望。

在拍摄时，拍摄的距离、角度、光线等因素都不是一成不变的，而是可以根据当时的具体情况随时进行调整。对这些因素进行精心的组合之后，哪怕是并不起眼的场景和色泽，也可以在照片中呈现出赏心悦目的效果。

想要做好取景这一步，掌握以下四项基本法则很重要：

①选取主题

为照片确定一个合适的主题，那么这张照片的拍摄就已经成功了一半。因此，为照片选取主题，就成为了拍摄时的第一个要点。这样的照片更具备艺术感染力，也更具有艺术感。用图片代替文字和语言，与买家进行沟通，有时比语言和文字的效果更好。

②合理组合

在网店使用的照片中，商品自然是照片中的主体。但是，一张照片中只有一个商品图片的形象，未免显得单薄。再好的商品也需要衬托，将优点呈现得更加突出。

因此，在拍摄时，可以将一些背景和小装饰进行合理组合，突出主要商品，但切记主次分明，不要抢占了商品的风头。

③敢于舍弃

虽然网店商品的图片需要一些背景与装饰进行衬托，但简洁才是美，是网店照片不变的真理。任何的背景与配饰都应该遵从这一真理，避免杂乱无章。因此，在拍摄时，要敢于舍弃一些不必要的装饰，才更加能体现出商品的价值。

④合理布局

照片中的装饰不是随便摆放就可以达到美观的视觉效果，也需要将主体和配饰在画面上进行合理的比例分布，也就是画面的布局。通过精心的设计，使照片中的画面呈现得更有章法，主体也就自然突出了。

（2）构图的基本法则

其实，构图也可以叫作拍照的"格式"，既有一定的规律，也可以打破常规。如果拍摄者在艺术创新上的能力较弱，就可以遵循这个"格式"，用常见的几种方法进行构图，也可以让图片具备精美的视觉效果。

①黄金分割法

在中学的几何课本中，就有关于黄金分割法的专门介绍。一般来讲，画面的长宽比例约为 1 ：0.618 时，呈现出的画面造型十分美观。因此，生活中的电影、电视屏幕、杂志、报纸等媒体，都会运用黄金分割法呈现出完美的画面。

按照黄金分割法的定律，应该将拍摄的主体放置在画面中占据 0.618 的部位，从而让拍摄主体成为视觉的重心。如果照片是横向的，那么黄金分隔线就呈竖向，将画面分为左右结构；而如果照片是竖向的，黄金分隔线则为横向，将画面分为上下结构。

②三分法

这个方法与黄金分割法有些类似，也可以将它称作"九宫格法"。是将画面用两横两竖的线条，平均分割成九等份，中间的四个交点，就是视线的重点。拍摄时将主体放置在这个区域，就可以使其占据视线的焦点。

因为画面中的四个交点都可以称为视觉重点，所以在拍摄时可以让主体商品占据其中一个交点，也可以四个交点同时占据，选择的空间更加广泛。

③疏密相间法

所谓疏密相间法，就是在同一个画面中摆放多个物体进行拍摄。但不能让多个主体放置在同一平面，而要使它们错落有致，疏密相间。让画面在紧凑的同时，还能够主次分明，也能够将主体商品进行烘托。

④远近结合、明暗相间法

在拍摄时合理使用近景和远景的结合，可以为画面增加立体感，让整个画面显得更有层次。使用单一的色调进行拍摄，很可能会让画面显得呆滞，不够吸引人，而借助色彩和明暗的变换，可以让画面呈现出跳跃的感觉。尤其是在买家搜索商品时，可以使图片从众多商品中一下子进入买家的视线，增加点击率，也就增加了成交的机会。

6. 微距

在网店中展示商品时，免不了要对商标、材质、做工等细节进行呈现，或者需要清楚展示出耳钉、戒指等小件的商品。在拍摄这样的照片时，就需要利用到数码相机的微距功能。

微距功能就等同于将商品的细节放大，拍摄出来的图像大小比实际的尺寸要放大很多。几乎大部分商品在拍摄时都需要利用到微距功能。微距功能在拍摄拉链、针脚、洗标、质感等方面都有着巨大的优势，不仅可以让买家对商品更加了解，也可以让买家体会到卖家的用心。

我们在前面的章节中讲过，数码相机上的"小花"图标就代表微距功能。当需要展示商品的细节时，只要选择这个功能，就能让照片中的细节呈现得更加清晰。在使用微距功能时，只要注意以下几个方面，就可以成功地展示出商品的细节。

（1）选择恰当的光圈

使用微距功能进行拍摄，相机镜头与拍摄主体的距离会非常近。虽然主要目的是对商品的细节进行清晰呈现，但所采用的光圈也不尽相同。

如果想要对商品的部分细节进行放大，需要运用较大的光圈；而如果想要表现的是商品的整体细节，则需要运用较小的光圈。

（2）保持相机稳定

因为相机镜头离拍摄主体的距离非常近，因此，哪怕一个轻微的晃动，都会让画面模糊不清。所以，拍摄时的快门速度应该尽量设置成较快的状态。如果担心手持相机不能保证机身的稳定，可以将相机固定在三脚架上。

（3）注意保证光源

相机本身也是一个遮光体，尤其是当机身距离拍摄主体非常近的时候，就会遮挡住部分外界的光源，形成部分阴影，影响照片的美观度。

有人认为可以利用闪光灯解决光源不足的问题。然而当相机与拍摄主体距离过近时，闪光灯的照明度很可能太强，造成曝光过度。因此，在微距拍摄时，要根据所处环境，多动一些心思，保证充足而又不过量的光线，让商品细节在照片中呈现最佳状态。

四、有技巧地摆放商品

拥有一台功能先进的专业数码相机，并不代表一定能够拍摄出好的商品照片。对于像首饰、化妆品、手机等这样的小件商品来说，为商品挑选一个合理的摆放角度，才能呈现出一个美观的构图。

拍摄主体的摆放工作，应该在取景与构图之前就已经设计完成，不同的商品需要不同的摆放角度，而想要体现同一个商品的不同特质，也需要对摆放角度进行变更才可实现。这与商场中的商品陈列的作用有些类似，其实商品的款式相同，但只要通过不同的组合方式进行排列展示，就会起到不同的效果。

如果商品在摆放时呈现的美感不足，很可能会影响买家的购买兴趣，而刺激买家的购买欲望恰恰是商品照片最重要的功能之一。

通过摆放的角度让商品变得美观，除了要具备一定的审美之外，还可以通过对基本摆放方法的学习来实现。只要找到商品摆放的基本规律，最起码可以让照片的构图效果更加合理，也为后期的图片编辑工作提供了方便。

1.不同角度体现不同质感

同样一款商品，不同角度可以呈现不同的视觉效果，可以将买家的视线引到不同的侧重点。

比如，平铺摆放，买家最先看到的是商品的整体效果；而将商品的侧面作为照片的焦点，买家最先看到的就是商品的细节。

物品如何摆放，取决于卖家想突出商品的哪部分特色，但一切都应以美观作为前提，否则可能让买家产生排斥心理。

2. 重新为商品造型

对于一些体积较小、外形比较单一的商品来说，也许对单个商品进行拍摄，很难让画面产生亮点。这时就需要拍摄者对商品的造型进行二次设计。

这里所说的二次设计，并不是改变商品的原有外观，有时候通过多个商品的相同叠加，也可以实现抓人眼球的效果。

比如一款巧克力，大多数巧克力的外形和颜色都比较单一，可是，如果将几块相同的巧克力进行叠加摆放，塑造出一个全新的造型和层次，马上就会将原有的线条改变，让买家觉得更有画面感，也更有食欲。

3. 小配饰增加画面情调

我们逛蛋糕店时，会发现几乎每一款蛋糕，无论大小与外形，都会有一些类似糖霜、彩糖一类的装饰品，除了让蛋糕更加美味之外，也营造出了看上去更加好吃的视觉效果。

为商品拍摄照片也应该参照这一原理，通过小配饰，融入卖家对商品的情感，也为买家营造出一种购物的欲望。

比如，在拍摄一款食品时，可以精挑细选出一个美观的盘子用来盛放食品，旁边搭配一杯冒着热气的咖啡或者美观的饮料，都是对一成不变的画面的一种突破。这样的配饰不用过多，简单的一两个即可起到画龙点睛的作用。

除了配饰之外，一些场景也可以进行合理利用，比如，温馨的房间，透彻的蓝天，青葱的树木，五颜六色的花圃，都可以用作商品主体的衬托。

4. 对不同商品进行组合

将不同商品进行组合，同时突出想要展现的主体，是对拍摄者陈列功底的一项考验。对商品进行组合，有别于用配饰和背景来衬托商品主体。画面中呈现的也许是一个套系的商品，也可能是相互辅助的几款商品。

当然，拍摄主体永远不可能被放置在画面的后方，即使几款商品同时陈列，相机的焦点也应该落在拍摄的主体商品上。也可以将其他商品进行虚化，突出主体。

要注意的是，一定要为同时呈现的几款商品排列出一个更具美感的造型，彰显出高档和品质。买家在看到这样的照片时，说不定想要同时将这几款商品据为己有，无形之中也增加了成交量。

5. 色彩与造型搭配突出层次

多款商品同时摆放进行拍摄时，最容易出现的问题就是让画面看起来杂乱无章。因此，色彩与造型的搭配就显得尤其重要。

比如，同样外观的几种商品，除了要排列出一定的序列感之外，还应该考虑商品之间空隙的疏密度。不要让彼此之间不同的颜色互相抢风头，而要相互衬托。也可以让某一个商品的摆放造型与其他商品不同，比如放倒或倾斜。这样的照片中，商品仿佛有了生命，活了起来，也让每一个商品都有获得买家青睐的机会。

6. 展示商品内部构造以提升信任

如果只展现商品的外观，买家很有可能对商品的内部构造产生质疑，也会影响买家对于是否购买该商品的判断。因为网上购物本身就存在一定的风险，每个买家都会担心货不副实。因此，在照片中呈现出商品的内部构造，是打消买家疑虑的最佳方式。

比如，一款钱包的图片，买家也许被钱包美观的颜色和外形打动，但同时也会产生疑虑：钱包的内部是否实用，是否有足够的卡槽用来放置各种卡片。这时，一张钱包内部构造的图片就显得必不可少。

网店中的图片毕竟是为了促进交易的达成，因此，不能仅仅将图片的美观当作唯一的判断标准，最重要的还是让买家通过照片，对商品进行透彻的了解。钱包的拍摄只是一个例子，除此之外，像衣服的缝线、鞋子的内里、床上用品的正反面等，都可以根据这个原理进行充分展示。买家的顾虑越少，成交的概率才会更高。

五、借助模特与道具

虽然目前网络购物已经形成一定的趋势和规模，但与现实中的传统购物相比，无法"眼见为实"，还是成为了网购的一大弊端。因此，在网店商品的展示过程中，就需要借助模特或者道具，充分体现出商品的特性和功能性。

在拍摄网店商品时，最常见的三种场景就是室内、摄影棚和户外。室内拍摄和摄影棚拍摄的场景有些类似，不过室内拍摄的环境相对于摄影棚会更加立体，也会给模特和道具提供更广泛的发挥空间。比如，室内的家具、玩偶，甚至窗帘、角落，都可以成为拍摄的背景，只要将这些背景的颜色与外观与拍摄主体互相协调与衬托，就可以起到非常好的效果。

在摄影棚中拍摄，大多是借助棚内的背景。可以选择多款背景，用于随时更换，创造出更好的拍摄效果。

室外拍摄的方式更适合由模特对商品进行展示，选择的空间范围也更大。无论是公园还是街头，甚至是商业中心或者酒吧等娱乐场所，不同的场景风格适合不同的商品类型，也可以让商品更加有时尚感和品位感。

1. 借助模特的拍摄技巧

对于服装、鞋子、背包这样的商品来说，利用模特对商品进行展示，比单一的商品照片更能获得买家的认同感。

不过，在选择模特时，模特的气质和肢体表现力都影响着照片中商品呈现出的效果。因此，模特是否能够突出画面中的商品，就显得尤为重要。哪怕一个不协调的动作，都会影响买家对商品的好感。

（1）拍摄方向的技巧

拍摄方向是指以模特为中心，照相机在水平位置上前、后、左、右的变化。不同的方向可以获得不同的拍摄效果。以服装为例，在拍摄真人模特时，可以通过正面、侧面、前侧面、背面等方向对服装进行展示。

一般来讲，正面拍摄，可以展示服装的特征；前侧面的拍摄，可以展示服装的结构；侧面的拍摄，可以展示服装的线条；背面的拍摄，可以展示服装从后面看上去的视觉效果。

（2）拍摄角度的技巧

在拍摄方向不变的前提下，改变拍摄的角度，会让画面的视觉效果发生改变。在拍摄过程中，角度的选择有仰视、俯视、平视等。在拍摄真人模特时，不同的拍摄角度会呈现出不同的构图，当然，所选择的角度也应根据拍摄者、模特、商品、周围环境的综合情况来设定。

还是以服装为例，一般来讲，平视的角度符合人们正常观看的心理，构图比较平稳，没有特殊的变化，适合用来拍摄上衣和裙装；仰视的角度能让模特显得更加高挑，同时还具备净化背景的作用，可以让模特的双腿显得修长，适合用来拍摄裤子和靴子；俯视的角度更具备透视性，适合拍摄内衣等产品。

（3）如何选择模特姿势

①站姿

模特的站姿相对比较难以把握，因为一旦模特的姿势显得死板，不仅会影响照片的美观，甚至影响商品的形象。因此，以下几种动作，可以作为模特站姿拍摄时的参考。

a. "头疼"

模特在拍摄时将手放在头部区域，好像"头疼"的感觉，可以呈现出优雅与时尚的造型，同时配合面部的表情，体现出不同的韵味。

b. "牙疼"

将手放置在脸部和腮部的区域，好像"牙疼"的感觉，可以呈现出俏皮和天真的感觉，自然不做作。

c. "腰疼"

将手放置于腰部，好像"腰疼"的感觉。一侧"腰疼"的造型相对简单，可以凸显出身段的妖娆。两侧"腰疼"的造型比较难以驾驭，但如果处理得恰到好处，可以体现出霸气和高贵。

d. "腿疼"

将手放置于腿部，好像"腿疼"的感觉，其中，大腿、膝盖、小腿，都可以展示出不同的效果，也让照片的效果更有明星范儿。

在拍摄站姿时，一定要注意以下几点：

头部与身体切忌成为一条直线：将身体转成一定角度，才能让画面更加生动。

双臂和双腿切忌平行：可以一曲一直，也可以形成一定的角度。

尽量展现形体曲线：这样可以让商品更具诱惑力。

②坐姿

虽然坐姿的拍摄具有一定的局限，但却能够呈现出优美的曲线。一般来讲，坐姿与相机形成45度斜向，是最标准的坐姿。

按照方向不同，可以将坐姿分成斜侧向坐姿、背向坐姿、侧背向坐姿三种。

按照上下身躯干形成的角度不同，可以分为直角坐姿、钝角坐姿与锐角坐姿。

按照两腿交叉摆放的样式不同，可以分为大腿上交式与小腿下交式坐姿两种。

需要注意的是，坐姿拍摄时，膝盖一定不能正对镜头，而要与镜头形成 45 度角，伸直小腿，会显得腿部更加修长。

（4）如何拍摄双人模特

双人模特的照片比单人模特的造型更加多样，不仅可以呈现出人物的线条与表情，还可以表现出两个人物之间的交流，让商品也更具有生命力。

在拍摄双人模特时，需要注意的是两个模特之间神、形的呼应和变化，一般来讲，双人模特多为一男一女，模特与相机之间，有以下几种基本结构组合：

①女正身，男侧身；

②女半侧身顺男半侧身；

③女半侧身对男半侧身；

④男侧身，女侧身；

⑤男正身，女正身；

⑥男背身，女背身。

这六种组合也同样适用于两个女模特或者两个男模特，在这六种组合的基础上，也可以进一步调整出更多的美姿造型。

一般来讲，直线的线条让人感觉刚直和雄健，适合男性模特展现；曲线的线条让人感觉温柔和恬静，适合女性模特展现。

2. 借助道具的拍摄技巧

如果一张商品图片上只有单一的商品形象，画面会显得单调不饱满，也不够均衡，即便是后期经过处理和美化，也总是觉得似乎少了一些什么。这就是因为在拍摄过程中，没有对小道具进行充分的利用。

其实，拍摄中的小道具并不用刻意去购买，生活中的许多配件和元素都可以用到商品的拍摄中。这些道具不仅可以起到点缀的作用，甚至可以对整张照片的风格起到引导作用。

例如一些小型的首饰、鞋帽、背包、鲜花、玩具，甚至杂志、报纸，都可以当作拍摄商品时的配饰来使用，呈现出或生活化，或运动风，或田园化的风格。

同时，使用道具作为配饰，还可以丰富画面的构图，增加色彩的对比。如果是那些需要挂起来拍摄的产品，甚至可以将家具当作道具来使用，用衣挂、楼梯等家具装饰成背景，你会发现拍出来的照片别具一格，具有更丰富的内涵。

六、对照片进行后期处理

完成商品照片的拍摄，也就完成了为网店准备商品图片的第一步，接下来就需要使用图片编辑软件，对照片进行后期处理。经过后期处理的照片，即使在拍摄时有或多或少的瑕疵，或者拍出了一张烂片，也可以化腐朽为神奇，调整成一张光彩照人的精美图片。

常用的几种编辑图片的功能，包括为图片添加水印、快速抠图、更换背景、调整图片尺寸等几种。

而常用的图片编辑软件，除了 Photoshop 之外，还有"光影魔术手""美图秀秀"等。网店店主们可以根据自己对不同软件的掌握程度进行选择。

（一）加上店铺水印

网店中的每一张商品图片都凝聚着卖家的心血，如果不想让自己辛苦拍摄出的图片被别人盗用，最好在图片上添加上专属于你店铺的水印。

添加水印的方法很多，通过下面的内容，我们可以了解到不同软件为图片添加水印的操作方法。

1. 使用 Photoshop 软件添加水印

（1）打开 Photoshop 软件，单击"文件"——"新建"。新建一个图层，宽度和高度是否相等没有严格的要求，其差别只是水印密度的不同而已。这里以宽度和高度均为六厘米为例，将分辨率设置成 72，背景选择透明。

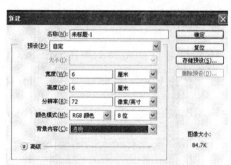

（2）单击左侧工具栏中的"横排文字工具（T）"，之后在刚刚新建的图层上单击一下，出现闪动的光标之后，在图层上编辑想要写的字，字体、字号、颜色可以在打字之前设定，也可以在打字之后进行重新调整。

（3）如果对文字所处的位置不满意，可以将所有文字选中，通过按 Ctrl+ 鼠标左键进行调整。如果需要将水印的文字调整成倾斜的角度，可以按住 Ctrl 键，这时会发现文字周围出现了一个边框，将鼠标放置在边框的某一个角落，原本直线的箭头会变成弧形，按住鼠标左键，就可

以将文字调整到需要的角度。

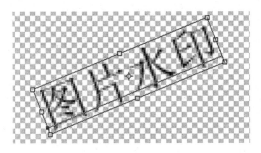

（4）单击右下方工具栏中的"添加图层样式"按钮，之后单击"描边"。

（5）如果对描边的颜色不满意，可以点击"颜色"，在拾色器中进

行选择。

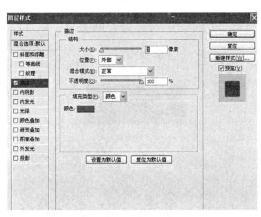

（6）上图中实心的文字放置在图片上有些太过抢眼，起不到水印的效果。需要在右下方的工具栏中找到"填充"，将默认的100%改成0，将文字变成空心的。如下图所示。

（7）此时的文字还是显得有些显眼，需要在右下方工具栏中找到"不透明度"，将默认的100%改成需要的数值，以55%为例，这并不是标准数值，以具体需要的效果为准。

（8）单击"选择"——"全选"，将整个图层锁定。

（9）单击"编辑"——"定义图案"，在弹出的对话框中给水印取个名字，点"确定"。

（10）可以将制作好的水印保存成图片，最好是保存成 PSD 格式，方便日后修改。

（11）接下来将制作好的水印填充到图片上。打开需要添加水印的图片，单击"编辑"——"填充"。在弹出的对话框中选择刚才做好的水印，点击"确定"，然后单击"文件"——"存储"，水印即添加完成。

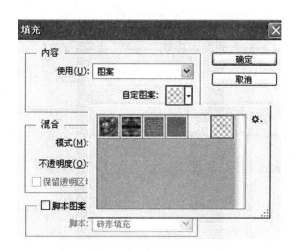

（12）填充图片的字体大小与多少，都根图片的大小和分辨率有关，可以反复尝试之后，确定出自己最满意的数值。

（13）另外一个方法，是在刚刚制作好的水印图层上点"选择"——"全选"，这时水印的页面就被虚线框起来，也就表示已经全部选择上了。点击"编辑"——"合并拷贝"，就可以将水印图层复制下来。

（14）打开需要添加水印的图片，点击"编辑"——"粘贴"，这时就会发现水印粘贴到了图片的正中间。如果想将水印挪到其他部位，只要按住 Ctrl+ 鼠标左键，将水印拖动到其他部位即可。

2. 光影魔术手批量添加水印的方式

利用 Photoshop 软件添加水印的方法比较专业，但也相对复杂，也可以利用光影魔术手或美图秀秀软件为图片添加水印。

向网店中上传商品图片时，一般会同时上传多张图片，如果一张一张添加，既麻烦又浪费时间，因此，许多图片编辑软件都设置了批量添加水印的功能。

下面我们将对光影魔术手软件批量添加水印的方法进行介绍。

（1）打开光影魔术手软件，在界面左上角找到"浏览图片"，单击

（2）在接下来出现的界面中选择所有要添加水印的照片，单击"批处理"。

（3）接下来将弹出"第一步"的对话框，在对话框的下方单击"下一步"。

（4）接下来将弹出"第二步"的对话框，在对话框的右侧单击"添加文字"。

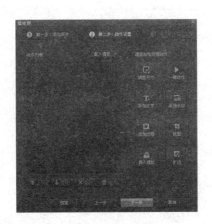

（5）在弹出的对话框右侧输入要添加水印的文字，再根据自己的需要，对"透明度""水平边距""垂直边距"进行调整，之后单击"确定"，如下图。界面将重新跳回"第二步"，在对话框的下方，单击"下一步"。

（6）接下来进行文件的输出，在出现的对话框中，完成对图片输出路径的设置，然后单击"开始批处理"。

（7）出现如下界面时，代表图片批量添加水印完成，单击"完成"。

（8）添加水印之后的图片效果。

（二）快速抠图并更换背景

有时候，我们会对拍摄出的商品主体照片非常满意，但却对商品的背景不满意。为了让商品照片呈现出更完美的状态，就需要对背景进行更换。这时就需要运用到抠图的技巧。

每张图片的背景都有着或多或少的区别，有些背景复杂，有些背景单一，我们将对这两种抠图方式分别进行介绍。

1. 使用 Photoshop 软件在复杂背景下抠图

（1）在 Photoshop 软件中打开需要更换背景的图片。

（2）使用左侧工具栏中的"钢笔"工具对图像进行抠选。

（3）当完成抠图的最后一步时，图像的路径闭合。在图像上单击右键，点击"建立选区"。

（4）接下来将弹出羽化对话框，根据需要填写羽化半径数值。这里填写的羽化半径数值是2，单击"确定"。

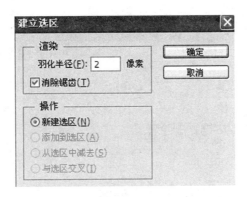

（5）这时，抠选的图像周围将会变成虚线。

（6）同时按下 Ctrl+Shift+I，对虚线以外的区域进行反选，也就是将商品的背景进行选择。

（7）双击图层面板中的图层。

（8）在出现的对话框中单击"确定"，对图层进行解锁。

（9）按下 Delete 键，删除背景。

（10）再次按下 Ctrl+Shift+I 进行反选，这一步是重新将选择的范围
放在商品图像周围，这时就完成了抠图步骤。

（11）打开需要更换的背景图片。

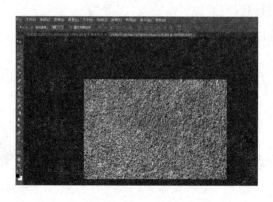

（12）选择左侧工具栏中的"移动"工具。

（13）将刚刚抠选的商品图片拖拽到新的背景图片上，即完成了抠图并更换背景的工作。

2. 使用 Photoshop 软件为简单背景抠图

有些商品在拍摄时使用了单色的背景，这样的图片在抠图时会相对比较简单。

（1）打开一张单色背景的商品图片。

（2）单击工具栏左侧的"魔棒"工具。

（3）单击图片中的白色背景，这时会发现整个白色背景区域被虚线包围。有些白色的区域还没有被虚线包围，这时需要按住 Shift 键，同时在没有被选中的白色区域单击"魔棒"工具，进行加选。

（4）按下 Ctrl+Shift+I 进行反选，将商品图片进行选择。这时会发现白色背景周围的虚线不见了，而商品的周围则被虚线包围。

（5）打开一张新的背景图，选择左侧工具栏中的"移动"工具，将需要更换背景的商品拖拽到新的背景上即可。如果对图片的比例不满意，可以按下 Ctrl+T，调整商品的尺寸。

3. 使用光影魔术手软件快速抠图并更换背景

（1）打开光影魔术手软件，单击上方工具栏中的"打开"，选择需要抠图并更换背景的照片。

（2）将鼠标放置在上方工具栏最后的斜三角，也就是"更多"选项上，再将鼠标放置在"抠图"选项，单击"自动抠图"。

（3）在接下来打开的自动抠图窗口中，通过点击"选中笔"和"删除笔"对图像中的商品和背景进行分别绘制。

点击"选中笔"，在要选中的区域上画线；再单击"删除笔"工具，在不需要的区域上画线。

（4）绘制出满意的效果之后，点击"替换背景"按钮。

（5）有四种更换背景的选项。如果选择"透明背景"，即抠图完成之后的样子，如下图。如果选择"纯色背景"，则可以在界面中任意选择一种颜色进行替换。

（6）如果需要更换图片背景，则单击"图片背景"右侧的"选择图片"，选择一个喜欢的背景图片进行更换。

（7）另外，为了实现前景和背景之间的融合度，可以通过调整"前景羽化"和"前景透明度"来实现背景与前景的融合。

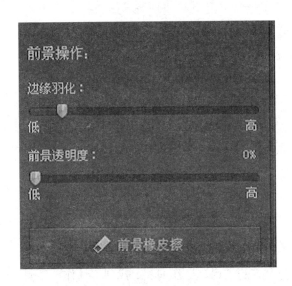

　　光影魔术手工具虽然具备快速抠图的功能，但是在抠取类似人物头发这样的细节画面时，有时效果还是不够理想，这时就需要借助到Photoshop软件的抠图功能，才能更好地完成。

（三）批量调整图片尺寸

　　在上传商品图片时，为了不影响页面打开的速度，我们常常需要将图片的尺寸进行调整或压缩。同添加水印一样，几张甚至几十张照片如果一张一张地进行调整，实在是费时费力，因此，可以通过图片编辑软件的帮助，自动对图片尺寸进行批量调整。

1. 使用 Photoshop 软件批量调整图片尺寸

（1）打开 Photoshop 软件，打开需要调整尺寸的照片。

（2）单击上方的"窗口"工具栏，找到"动作"工具，打开"动作"面板。

（3）单击右下角的"创建新动作"按钮，弹出"新建动作"对话框。

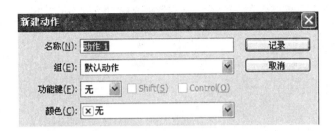

（4）单击"记录"按钮，即可创建一个新动作。

（5）单击上方工具栏中的"图像"选项，单击"图像大小"。

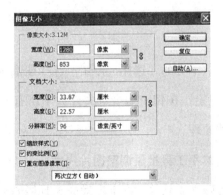

（6）可以通过对图像高度、宽度、分辨率的调整，对图片的尺寸进行调整。在调整尺寸时，最好选择"约束比例"，以免图像在调整的过程中变形。

（7）完成图片尺寸的调整之后，单击"动作"面板下方的"停止播放／记录"按钮，也就是正方形的按钮，停止动作记录。

（8）单击上方工具栏中的"文件"——"自动"——"批处理"命令，弹出"批处理"对话框。

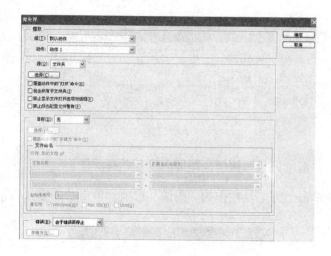

（9）单击"源"下方的"选择"按钮，选择图像所在的位置。

（10）单击"确定"按钮，即可对文件夹中所有的图像文件进行同样动作的调整尺寸处理。

2. 使用光影魔术手工具批量调整图片尺寸

（1）打开光影魔术手软件。在上方横向工具栏的最后，将鼠标放置在斜三角的图标上，在出现的下拉列表中单击"批处理"。

（2）可以点击对话框下方的"添加"或者"添加文件夹"按钮，添加需要调整的图片，或者将整个文件夹一次性添加进来。也可以直接将要调整尺寸的图片或者图片文件夹直接拖拽到对话框中。

（3）单击"下一步"，在出现的对话框中单击"调整尺寸"。

（4）在接下来出现的对话框中共有三种调整尺寸的方式，分别是"按百分比"、"按长短边"、"按宽高"。可以根据自己的实际需要进行选择。

（5）这里选择了"按宽高"调整尺寸，将高度调整为600，宽度按比例锁定。单击"确定"——"下一步"。

（6）在接下来出现的对话框中选择图片的存储路径和覆盖方式，单击"开始批处理"，就完成了全部图片的尺寸调整工作。

七、掌握常用的美工软件

如果想对网店中的商品图片进行后期处理，有许多软件可以供网店卖家选择。不同的图片编辑软件虽然大体的功能相同，但在具体操作方式和效果的完美程度上却不尽相同。

一般来讲，网店卖家常用的图片编辑软件包括 Photoshop、光影魔术手、美图秀秀等几种。可以按照所需要的图片效果，选择单个图片编辑软件，也可以对多个软件进行组合使用。

（一）Photoshop

Photoshop 的全称是"Adobe Photoshop"，人们习惯将其简称为"PS"。它是由 Adobe Systems 开发的一款图像处理软件，主要处理以像素构成的数字图像。

Photoshop 软件中包括多种修编与绘图工具，可以利用这些工具有效地对图片进行编辑。除了处理图片之外，Photoshop 软件的功能还非常强大，在图形、文字、视频、出版等方面都有所涉及。

1.Photoshop 软件的功能

（1）平面设计

这一功能是 Photoshop 软件应用最广泛的功能。一般情况下，印刷制品都需要通过 Photoshop 软件对图像进行处理。因此，它可以完成类似于图书封面、招贴、海报、网店图片等多种类型图像的处理工作。

（2）广告摄影

不同使用功能的图片，对像素和尺寸的要求不同。而在众多的图像作品中，广告摄影是一种对视觉要求非常严格的工作。一些小型的图片编辑软件很难完成对高质量图片的处理工作，广告摄影的最终成品往往需要经过 Photoshop 的修改，才能得到最终满意的效果。

（3）影像创意

Photoshop 软件的一项特殊功能，就是可以将不同的对象组合在一起，使最终呈现出来的图像发生变化，这也就是影像创意的过程。而这一功能，也是 Photoshop 的专属特长。

（4）网页制作

在之前的章节中，对于网页制作所需要运用到的工具，我们也曾经对 Photoshop 软件进行过介绍。的确，在网页的制作过程中，Photoshop 软件是必不可少的网页图像处理软件。而随着网络的普及与发展，越来越多的人需要掌握 Photoshop 软件的使用方法。

（5）后期修饰

在制作建筑效果图，包括三维场景时，也需要运用到 Photoshop 软件。通过它可以增加效果图中的人物与场景，并对颜色进行调整。

（6）视觉创意

在商业设计中，Photoshop 软件为设计者提供了更广阔的设计空间，利用它可以设计出具有个人特色与风格的视觉创意作品。

（7）界面设计

界面设计是软件企业或软件开发者才会使用到的功能，目前，绝大多数设计者都是通过 Photoshop 软件完成界面设计的工作。

2.Photoshop 软件的组成

（1）Photoshop 软件可以创造的效果

①图像编辑

这一步是图像处理的基础，可以对图像做各种变换。例如放大、缩小、旋转、倾斜、镜像、透视等。同样也可以对图像进行复制、去除斑点、修补、修饰图像的残损等。

②图像合成

这一操作可以将几幅图像整合成一幅图像，通过 Photoshop 软件的各种绘图工具，可以让图像与创意很好地融合。

③校色调色

这一步可以调整图像的颜色和明暗，适合对那些偏色的图片进行调整，也可以在不同颜色之间进行切换，满足图像在印刷、媒体等不同领域的运用。

④特效制作

这一功能主要由滤镜、通道等多种工具的综合应用来完成，可以制作出诸如浮雕、油画、素描等多种艺术效果。

（2）Photoshop 组成部分

①标题栏

位于主窗口顶端，最左侧是 Photoshop 标记，右侧分别是最小化、最大化和关闭按钮。

②工具栏

可以通过对工具的选择，完成想要实现的图片处理效果。

③菜单栏

包括文件、编辑、图像、图层、选择、滤镜、视图、窗口、帮助共9项，用来执行图片制作过程中的所有命令。

④图像编辑窗口

位于整个界面的中间，也是 Photoshop 的主要工作区，用来显示图像以及图像处理的效果。

（3）状态栏

位于此窗口的底部，分为以下三部分：

①文本行

说明当前所选工具和所进行操作的功能与作用等信息。

②缩放栏

显示当前图像窗口显示的比例，也可以在这里输入数值改变比例。

③预览框

点击右侧黑色三角弹出的菜单中，任一命令的相应信息都会在预览框中显示。

（4）工具箱

其中包含多种工具，可以用来选择、绘画、编辑、查看图像。

（5）控制面板

共有 14 个界面，可以显示也可隐藏。

（6）绘图模式

①形状图形

可以使用形状工具或钢笔工具来创建形状图层，同时可以方便地移动、对齐、分布形状图层，以及调整大小。

②路径

在当前图层中绘制一个工作路径，可以用它来创建选区、创建矢量蒙版，或者使用颜色填充和描边来创建栅格图层。

③填充像素

可以直接在图层上绘制，类似绘画工具。

（7）文件保存的格式

① PSD：这是 Photoshop 软件默认的保存文件的格式。它可以保留之前操作的所有图层、色板、通道、蒙版、路径、未栅格化文字以及图层样式等。不过，关于之前操作的历史记录并无法保存。但是，Adobe 出品的其他软件可以直接导入 PSD 格式的文件，并进行使用。

② PSB：可以保存长度和宽度不超过 300000 像素的图像文件，不过只适用于新版 Photoshop 软件。

③ PDD：此格式支持 Photo Deluxe 的功能，不过 Photo Deluxe 已停止开发。

④ BMP：这是 Windows 操作系统的专有图像格式，用于保存位图文件。

⑤ GIF：支持透明背景和动画，网络中的运用比较广泛。

⑥ EPS：这是打印机上输入图像的文件格式，可以同时包含位图图像和矢量图形。

⑦ PDF：是一种便携文档格式，适合多种模式。

⑧ PNG：可以无损压缩图像，代替 GIF。

⑨ TIFF：是通用的文件格式，支持大多数绘画软件、图像编辑软件以及排版软件，同时支持扫描仪导出。

⑩ JPEG：和 JPG 一样，是一种有损压缩的文件格式。

（二）光影魔术手

相对于 Photoshop 软件来说，光影魔术手在处理图像时更加容易操作，也同样具有很强的实用性。

1. 反转片效果

这一效果可以将图片调整得反差更加鲜明，色彩过渡自然艳丽。其中还可以对亚洲人的肤色进行优化，不会让肤色偏黄。不仅可以增强暗部，还可以令高光部分表现更加出色，同时画质也不受影响。

2. 晚霞渲染

不仅是天空，人像、风景等都可以使用这一功能。这一功能可以让图片的亮部呈现暖红色调，暗部呈现蓝紫色，画面的色调对比鲜明，色彩艳丽，暗部细节也能得到丰富的保留。

3. 黑白效果

可以通过这一效果，将任何一张图片调整成黑白色调。

4. 反转片负冲

可以让画面中同时存在冷暖色调对比，增强亮部饱和度，呈现不夸张的暖色调，而暗部发生明显的色调偏移。

5. 负片效果

在原有功能上经过多次改良，色彩还原性更好，细节的损失则降到最低。

6. 夜景效果

可以将夜景中黑暗天空中的各类红绿噪点彻底删除，同时不会影响夜景的灯光、建筑细节、画面锐度。

7. 白平衡一指键

与相机的白平衡功能原理一致，只要能在画面中找到"无色物体"，就能还原整张图片的真实色彩。例如，东方人的眼睛、牙齿、头发、水泥地面、白墙、灰鼠皮、纸等都可以作为选色目标。

8. 色阶和曲线

曲线对色彩、明暗的掌控十分直观，色阶之间的过渡通过曲线而变得圆滑自然。

9. 人像褪黄

一些数码相机会出现照片偏黄的现象，尤其是亚洲人的黄皮肤，会显得更黄。人像褪黄功能就是通过色调的自动动态，调整照片中人的皮肤部分，会令皮肤显得白皙红润，其他的物体颜色不会受到影响。

10. 水印

图片上的水印可以保护作品的版权，也可以彰显作者的个性，等于为自己精心制作的满意图片盖上了一个印章。

11. 花样边框

可以为照片添加各种精美的边框，制作个性化相册。

12. 撕边效果

可以为图片增加一种仿古破旧的沧桑感。

13. 数码减光

有时候照片中过亮的部分，会让原本的颜色看不清楚，有些照片因为曝光过度，偏离了景物的本来颜色，数码减光功能就是在不影响正常曝光内容的前提下，将过亮的部分还原回来。

14. 变形校正

可以校正由于镜头或变焦原因而产生的桶形畸变和枕形畸变。

15. 证件照排版

可以很方便地在一张 5 寸或 6 寸照片上排列多张 1 寸或 2 寸照片。

16. 制作组合图

可以将多张照片合并成一张大照片，用于陈列说明商品，或用于组图制作。

17. 高 ISO 去噪

可以在不影响画面细节的情况下，去除红绿噪点，同时保持画面的高 ISO 颗粒感。

18. 柔光镜模拟

适合人像照片的处理，可以制作雨雾蒙蒙的风景，体现朦胧浪漫的风格。

19. 错误校正

针对严重偏色的照片进行自动修正，追补一些已经丢失的细节。

20. 人像美容

可以自动识别人像的皮肤，把粗糙的毛孔磨平，令皮肤更加细腻白皙。

21. 去红眼

自动判断照片中红眼的部分进行去除，不会影响眼皮和睫毛等部位的颜色。

22. 素描

模仿炭笔或铅笔的素描，勾勒出照片中人物的主要边缘线条。可以自己加入色彩。

除了以上功能之外，批量添加水印、批量调整图片尺寸等，都是淘宝卖家经常使用到的功能。

（三）美图秀秀

美图秀秀是一款不用学习即可操作的图片编辑软件，用于处理人像的功能比较多。比 Photoshop 的操作简单很多，具有图片特效、美容、拼图、场景、边框、饰品等功能。

美图秀秀软件的操作界面非常直观，操作起来也非常简单。每个人都可以在不经过专门学习的前提下，轻松完成图片的处理。

1. 人像美容

具有磨皮祛痘、瘦脸、瘦身、美白、眼睛放大等多种美容功能，可以让照片中的人物形象变得更加完美。

2. 图片特效

通过不同特效的叠加，可以让图片更加具有个性化。

3. 拼图功能

拥有自由拼图、模板拼图、图片拼接三种模式，可以将多张图片呈现在一个画面上。

4. 动感 DIY

可以轻松完成动态图片和搞怪表情的制作。

八、Photoshop 软件的实用操作介绍

许多网店卖家在对商品图片进行后期处理时，会认为 Photoshop 软件的操作过于专业和复杂。其实，如果不是需要制作具有极强创意性的宣传图片，或是对画质要求较高的图片时，Photoshop 的操作并不烦琐。

对于网店中的图片处理来说，Photoshop 软件的基本功能就足以应对。

1. 调整曝光不足或曝光过度的照片

在拍摄过程中，因为天气、时间，以及摄影技术等原因的限制，拍摄出来的照片并不能达到完美的标准。有时画面会呈现偏亮或偏暗的情况，对比度不够明显，这都是由于曝光过度或曝光不足造成的。

使用 Photoshop 软件，只需要简单地操作就可以轻松解决这一问题。

（1）打开 Photoshop 软件，打开一张曝光过度的照片。

（2）可以看出由于曝光过度，照片中的鞋子已经偏离了原有的颜色。单击"图像"——"调整"——"曝光度"命令，弹出"曝光度"对话框。

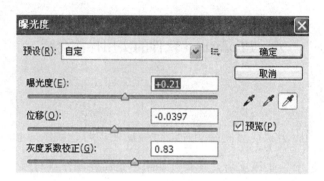

（3）在对话框中设置相应的参数，单击"确定"按钮，将图片的曝光度调整到最佳状态。

2. 提高照片的清晰度

有些照片在拍摄时，由于手的抖动或相机的参数设置得不够合理，会呈现出模糊的状态，对于这样的照片，使用 Photoshop 软件也可以进行处理，让图片变得清晰。

（1）在 Photoshop 软件中打开一张不清楚的照片。

（2）选择"图像"——"模式"——"Lab 颜色"选项。

（3）在图层面板中，将背景图层拖动到"创建新图层"按钮上，即可复制背景图层。

（4）选择"滤镜"——"锐化"——"USM 锐化"命令，弹出"USM锐化"对话框。根据实际情况对锐化的数值进行调整。

（5）将图层模式设置为"柔光"，不透明度设置为90%。

（6）如果还是不够清楚，还可以复制相应的图层，直到调整清楚为止。

3. 调整图片亮度

有些照片存在着偏亮或偏暗的问题，通过最基础的 Photoshop 操作即可进行调整，下面以一张颜色偏暗的图片为例。

（1）在 Photoshop 中打开一张颜色偏暗的照片。

（2）点击"图像"选项，将鼠标放置在"调整"选项上，又会出现一个次级菜单，这里面的许多选项都可以对图片进行调节，可以点击"亮度／对比度"选项。

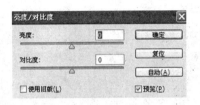

（3）根据实际情况，对亮度和对比度的数值进行调整。

（4）如果一味地将亮度的数值调大，有些地方会呈现曝光过度的效果，此时还可以通过调整色阶来进行辅助调整。单击"图像"——"调整"——"色阶"。

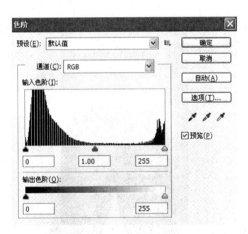

（5）通过移动"输入色阶"和"输出色阶"的滑块来对亮度进行调整。达到自己满意的亮度之后，单击"确定"即可。

4. 调整图片色调

除了过亮或过暗之外，一些照片还存在着偏色的问题。利用
Photoshop 软件的曲线工具，就可以完成对偏色照片的调整。

（1）在 Photoshop 中打开一张偏色的照片。

（2）选择"图像"——"调整"——"曲线"命令，弹出曲线对话框。

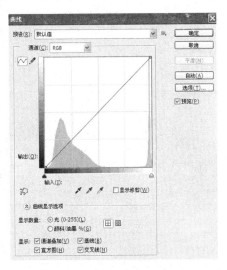

（3）在"通道"选项中，共有"RGB"、"红色"、"绿色"、"蓝色"
四个通道可供选择，可以根据自己的实际需要，对不同的通道曲线进行
调整。

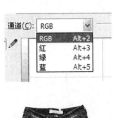

第五章

电商常识物流篇：
仓储 + 配送

网购成交的原因很多，但其中一定有一项是物流。新手开店要了解物流知识，怎么选择快递，如何打包、计费，都是有规则与技巧的，赢在物流就赢得了买家的心。

一、有无订单，都做好仓储管理

无论是否已经有订单交易，网店中的仓储与管理工作都要时刻进行。这是网店销售中的一个基本环节，尤其是对一些企业卖家来说，仓储系统是不可或缺的子系统。

一般情况下，网店在日常运营中，也需要对商品入库、保管、出库的流程进行基本的了解，这样才能为网店中商品的销售提供一个强大的后备力量，不至于等到商品缺货的那一刻，才发现已经没有商品可出售；或者没有及时调整进货数量，造成某一款商品大量积压。

1. 入库检验

在商品入库之前，必须由店主或者专门担任收货的工作人员，对全部货物进行严格认真的检查。检验商品的外包装是否完好，是检验货物的基本步骤。一旦商品的外包装出现破损，或有效日期已经临近，应该拒绝接收货物，并及时向上级主管部门报告。

除了对货物外包装进行检查之外，还应该按照订货单和送货单核对商品的品名、等级、规格、数量、单价、总价、有效期等内容。还要仔细检查包装内的商品是否有破损、污渍，以及对数量、规格、品种进行核对。

确定以上几点准确无误之后，才能将商品入库保管。

2. 编号保管

为了方便查找以及控制数量，应该为每一款入库的商品确定一个商品编号，也就是货号。有了商品编号，无论是在仓库中找货还是盘货，都非常方便，大大地提高了仓储管理的效率。

为商品编号的方法很多，其中最简单的方法就是"商品属性+序列数"。

（1）为商品分类

仔细为即将入库的商品分好类别，是编号保管的第一步。以服装类商品为例，可以将各种服装的类别分为短袖、长袖、外衣、风衣、连衣裙、短裙、长裤、短裤等多个类别。

（2）确定汉语拼音缩写

每一个商品种类，都对应一个汉语拼音，将汉语拼音的开头字母进行缩写，即可成为商品编号的开头字母。还是以服装类商品为例，短袖（DuanXiu），缩写字母即为"DX"，以此类推，长袖的缩写为"CX"，外衣的缩写为"WY"，风衣的缩写为"FY"，连衣裙的缩写为"LYQ"，短裙的缩写为"DQ"，长裤的缩写为"CK"，短裤的缩写为"DK"。

（3）确定数字编号

数字编号的位数，可以根据商品的数量而定。但从长远的角度考虑，最好比实际库存数量多一些，因为随着网店的发展，商品的数量可能会越进越多，多使用几位数字，也是为商品的库存数量留有余地。

例如商品的编号是从"001—999"，那么 WY—054 就是代表外衣54号，CK—322 就是 322 号长裤。

（4）品牌商品编号

一般来讲，品牌商品的厂家都会有标准的货号，这样就为网店卖家减少了为商品编号的工作。

不过，不同品牌的编号方式都不相同，不过只要了解其中的规律，就可以通过货号，一下子判断出是哪款商品。

例如，有些商品编号，第一个字符代表商品大类，第二个、第三个字符代表商品小类，第四个字符代表生产年份，第五个、第六个字符代表大类和小类的流水号，第七个字符代表性别，第八个、第九个字符代表颜色等。

当然，上述的方法并不是商品编号的固定法则，网店卖家可以将其作为参考，再根据自己店铺的实际情况进行确定。

3. 登记入库

确定货物没有损伤，并准确制定编号之后，还没有到入库的时候。在入库之前，还要对商品的名称、数量、规格、入库时间、凭证号码、送货单位、验收情况等进行详细登记，才能将商品收入库存。

4. 妥善保管

商品入库后，不能杂乱无章地摆放在库房中，而是要根据商品的不同种类、属性、材质、功能等进行分类，分别放入专门的区域，为日后从库房中查找和盘点商品提供方便。

同时，还要做好防潮和防水、防火的措施，例如，食品类商品还要准备专门的冰箱，防止食品变质。

5. 凭单发货

商品出库时也要做好详细的登记，遵守商品出库制度，凭订单发货，防止出现差错。

二、根据各类型物流特性，选择配送方

当买家在网店中成功为订单付款之后，卖家就要按照该订单为买家进行发货。目前市面上有许多种物流公司可供选择，大部分物流公司都能够提供安全、快速的物流配送服务。在选择合作的物流公司之前，可以对不同物流公司的特点、业务范围、配送范围进行一些了解，再根据实际情况选择一家或几家合作公司。

（一）快递公司

快递公司是对目前市场上除了邮政之外的其他快递公司的统称，每家快递公司都运用自己的网络进行快递服务。目前，全国正在进行业务开展的快递公司已经达到了近千家。

现代的快递业务是从航空货运代理业派生出来的业务，等于是传统航空货运的发展和延续。

快递公司的优势是发货的速度较快，可以让买家尽快收到商品，卖家也就可以尽快完成回款。一般来讲，周边城市一到两天就可以收到货物，国内的大中型城市到货时间也只需要两到三天即可。因为快递服务的方便、快捷，许多卖家将快递公司作为货物配送的首选合作伙伴。

1. 快递公司的分类

（1）外资快递企业

一般来讲，外资快递企业具有丰富的经验、雄厚的资金以及发达的全球网络。像联邦快递（FEDEX）、敦豪（DHL）、天地快运（TNT）、联合包裹（UPS）、高保物流（GLEX）等，都属于外资快递企业中的"巨头"。

（2）国有快递企业

国有快递企业大多有着背景优势，以及完善的国内网络。像中国邮政（EMS）、民航快递（CAE）、中铁快运（CRE）等快递企业，在国内快递市场都处于领先地位。

（3）大型民营快递企业

这一类是网店卖家选择最多的快递企业，目前已经向全国范围扩张。其中包括顺丰速运、宅急送、申通快递、韵达快递、天天快递、圆通快递、汇通快递等多家快递公司。

（4）小型民营快递企业

这一类的快递企业规模较小，优势是经营灵活，然而也有着管理混乱的劣势。目前的经营范围比较窄，一般只承接同城或省内的业务。

2. 快递公司的优势

（1）上门取件

网店卖家只要将货物仔细包装好，就可以通过互联网查询在自己周边地区开设服务网店的快递公司。可以通过在官网上下单和电话下单两种方式申请快递取件服务，快递公司会在下单的当天，派工作人员上门收取邮件。

当网店的销量稳定之后，每天都会产生一定数量的订单，伴随而来的是稳定的发货量。这时可以选择一家比较适合的快递公司进行合作，无须下单，快递公司的工作人员会与网店卖家约定一个时间，每天在固定时间上门取件，非常方便。

选择固定的快递公司作为合作伙伴，优势是可以将快递的成本降下来。需要网店卖家与快递公司共同协商出一个合作协议，可以按照每个月一次的频率，在固定的时间进行结款。

如果快递公司因为运输等问题出现了售后问题，可以按照当初签订的协议，要求快递公司赔款，从而保障网店的利益。

（2）在线查询物流进度

每一件经过快递公司发出的邮件，快递公司都会提供给发货人一张发货单，上面有该邮件的运单编号。发货人可以登录快递公司的官方网站，输入运单编号，即可看到该邮件的详细配送信息，包括什么时间段发到了什么地区，是否已经签收，签收人是谁等信息，随时随地掌握邮件动向。

（二）邮局邮寄

同快递公司一样，邮局也是网店卖家经常选择的合作物流部门。邮局的发货网点众多，几乎每个城市的每个区域都分布着许多邮局网点。

对于一些居住在偏远地区的买家来说，在发货时必须选择邮局发货，因为许多快递公司在偏远地区并不开设网点，而邮局的网点不仅已经覆盖了偏远地区，甚至许多农村也属于派送范围之内。

邮局开设的业务包括挂号信、平邮包裹、E邮宝和EMS等多种邮寄方式，不同的邮寄方式产生的费用也各不相同。

在发件时，需要准确填写发件人和收件人双方的姓名、地址、邮政编码、常用联系方式，方便在货物无人接收时准确退回给发件人。

总的来说，选择邮局发货，有优势也有劣势，可以通过下面的内容进行简单的了解。

1.邮局发货的优势

（1）价格便宜

一般情况下，快递的最低发货费用也要在六元以上，而邮政小包的费用按照重量、尺寸和邮寄地区不同，最低可能会达到一元以下。

（2）覆盖地区广

许多快递公司的业务网点并不覆盖偏远地区和乡村，EMS虽然可以覆盖大部分地区，但价格却偏高。而邮局却不存在这方面的问题。任何一个城镇和农村，都可以找到邮局的网点。

（3）促进网店交易

有些网店会困扰自己的业务范围很难发展到偏远地区和农村地区，并非是那里的人不在网络上购物，而是因为许多网店不愿意开展邮局平邮业务，也就导致偏远地区的买家无法收到货物。

如果网店开展了邮局平邮业务，许多偏远地区的买家就不会在购物时有顾虑，也可以促进交易的达成。

2.邮局发货的劣势

（1）物流速度慢

可以说，邮政国内普通包裹是所有物流业务中相对较慢的一种。在全国范围内的到货速度为 7 ~ 30 天，平均的发货速度一般可以达到

8 ～ 10天左右。国内快递包裹比国内普通包裹相对快一些，但价格也要相对提高。

（2）不上门取件，不上门派送

选择邮政普通包裹发货，需要发货人将货物带到邮局发货网点，可以自己准备货物包装，也可以在邮局网点购买。在邮局网点进行称重，确定发货费用。填写好发货单之后，即可完成发货。对于一些大件商品来说，为发货人在货品的运输方面带来了一定的困难。

同样，买家也无法直接收到货物，而是收到一张邮局寄来的提货单，或者干脆是一条手机提货短信，凭身份证到指定网点提取货物。

（3）无法即时查看物流动态

邮政普通包裹发货并不提供物流动态的查询，因此买卖双方都无法即时跟踪货物的进展。这也为网络交易带来了一定的困扰，因为网络购物平台一般会设定一个自动确认收货的期限，如果买家在这个期限之内没有主动确认收货，系统将会在到期日自动确认收货，将货款付给卖家。

而这个期限之内，买家也许并未收到货物，这就需要双方进行协商，延长自动收货日期。有时也会因为双方沟通得不及时产生纠纷。

（三）物流托运

物流托运一般比较适合大件的商品发货，主要包括公路运输、铁路运输和航空运输三种方式，按照距离的远近而定。公路运输和铁路运输比较适合短途发货，航空运输比较适合长途发货。

1. 选择物流托运公司的标准

（1）规模品牌

在确定选择哪家物流托运公司之前，要对该公司的规模和品牌进行一定的了解，也是对货物安全的一个保障。需要考虑的项目包括该物流公司的服务质量、在业内的口碑、形象。如果可能的话，可以对公司的员工是否有专业的物流人才，公司是否具备专业的操作流程，以及公司的营业额进行深入了解。

（2）企业资源

这是对物流企业规模的更高一级要求。包括是否经过官方正规的资质认证，是否获得 AAAA 级物流企业、诚信物流企业、航空金牌代理认证等。

当然，对于一些规模较小的网店来说，不需要对物流企业有这么高的要求，只要在业内具有良好口碑，能够保证货物安全，一旦出现事故能够承担货物的赔偿即可。

（3）网点分布

要考虑物流公司的全国营业网点分布是否合理，密集度是否够高，是否能够给客户带来最直接的便利。

（4）增值服务

除了提供货物运输服务之外，是否还能提供保价运输、代收货款、包装、上门接货、送货上门、签收回单等附加服务，解决客户的后顾之忧。

（5）运作质量

需要考虑物流公司是否拥有严格的运作质量标准，是否能够保证货物的安全，对破损率、丢失率、签单返回率、到货准点率是否有严格的指标和把控。

（6）时效安全

是否能够准时发车、准时到达、准时配送，这是买卖双方最容易发生纠纷的环节，因此在确定物流公司之前，网店店主一定要对这个问题进行充分考虑，在发货之前打消顾虑。

（7）服务质量

可以看一下该物流公司的销售人员、服务人员是否有较高的服务意识和积极的服务态度，这也直接影响着售后服务，以及货物发生丢失或损坏时，赔偿的程度与速度。

（8）性价比

每一位网店店主都希望能够对自己的各项成本进行合理把控，物流成本就是其中一部分。即便是由买家承担物流费用，但如果费用过高，也会让买家望而却步，失去购买的欲望。

因此，需要考虑物流公司提供的物流服务质量与运输价格是否对等，不能简单地追求便宜，也不要为了追求更好的服务付出太高的成本。

2. 物流托运的特点

（1）物流托运的优势

物流托运更适合大件并且重量比较大的商品，因为同样重量的商品如果选择快递发货，费用会非常高昂，而物流托运则会低廉很多。

（2）物流托运的劣势

有些物流公司需要买家自己上门提取货物，这就为取货带来了不便。如果需要物流公司送货，则需要收取额外的费用，这一部分费用一般由买家承担。

三、根据商品的类型，选择配送方

发货的方式并不是固定的，也不是一定要与其他卖家的发货途径相同，可以根据商品的特性选择最适合的物流类型。

下面就是对不同商品适合的物流类型的简单介绍，供网店卖家参考。

1. 小件商品

例如明信片、打折卡这一类的平面小件商品，可以使用挂号信的方式进行发货。但切记不要使用平信邮寄，一旦出现丢失，无法追查到下落。

而像小件的首饰、衣服、化妆品、日用品等类型的商品，可以选择平邮、邮局快包、快递公司、EMS 等多种运送方式。

我们在之前的章节已经讲述了不同快递公司与邮政邮寄的特点，同时也需要根据买家所处地区对发货方式进行选择。

2. 大件商品

对于像家具、家装用品这一类的大件商品，一般不建议选择快递公司或 EMS 进行发货，因为运费太高，无论是买家还是卖家承担运费，都不够划算。因此，建议选择物流托运的方式进行发货。虽然到货的时间相对于快递发货要慢一些，但可以节省下许多费用，即使送货时需要额外收费，也比快递费用要划算很多。

3. 贵重物品

在对贵重物品进行发货时，一定要牢记以下几点注意事项。

（1）物流公司信誉

一定要挑选信誉比较好、规模比较大的公司。有时候一些大型的物流公司为了方便发货，会下设一些代理机构。但对于贵重物品来说，一定要直接选择正规的物流公司，不要在代理机构处发货。

（2）不要透露货物名称

在填写运单时，不要在货物描述中填写货物名称。秉承着"财不露白"的原则，如果要发货的商品是手机，可以填写"设备"来代替。

（3）不要使用破损箱子

一定不要使用破损的箱子来盛放货物。一般的快递公司都会规定，如果外包装没有损坏，那么即使包装内的货物出现故障，快递公司也不负责赔偿，保险公司的赔偿条件也与快递公司相一致。

如果选择的箱子本身就有破损，即便快递公司在运输中出现事故，也会以箱子本身就有破损作为借口，拒绝赔偿。

（4）填满包装

不要让包装内有空隙，如果有空隙会引起商品在包装内晃动，可能会造成损坏。

（5）务必保价

贵重商品在发货时一定要进行保价。在保价之前记得询问清楚，保费是多少，与哪家保险公司进行合作，可以获得多少赔偿。不进行保价的话，如果在运输过程中商品出现损坏，一般不会得到满意的赔偿。

（6）先确认再收货

在发货时一定要提前联系买家，必须在确定商品完好无损时，再签字收货。因为签字就等于承认了包装内的商品没有问题，一旦发现商品损坏，即使走法律程序也很难取胜。

如果快递公司以各种理由和借口拒绝开箱检查，就需要使用一个迫于无奈的小技巧，就是从外包装上挑毛病。比如胶带松了，或是包装瘪了，总之，就是想办法让快递公司同意开箱检查。

四、打包商品的技巧

在发货之前，最好是由卖家亲自进行打包，确保商品在运输过程中的安全，让商品妥善地发送到买家手中。

发货时，为商品量身打造一个合理的包装，是非常重要的环节。在以下的章节中，我们将对如何包装货物进行讲解。

（一）合理选择包装材料

将商品进行分类包装，是为了增加商品在运输过程中的安全性，也是对物流成本的控制。因为，包装材料本身也会产生一定的重量，快递公司在收取运费时，也会将这一部分的重量计算在内，所以，合理选择包装材料，也会在一定程度上降低物流发货的费用。

在为商品进行包装时，共有以下几种材质可供选择。

1. 纸箱

目前市面上可以找到许多不同尺寸的纸箱，也可以根据自己的商品尺寸定做纸箱。只要尺寸合适，大部分商品都可以使用纸箱进行包装。不过，与其他包装材质相比，纸箱的成本相对较高，但是对商品的防护作用也相对较好。

2. 塑料包装袋

这一材质适合一些不怕挤压、不易损坏的商品，例如服装、床上用品、毛绒玩具、座椅靠垫等。大部分快递公司在发货时，都会免费提供一次性使用的塑料包装袋，无须网店卖家额外购买，自然也就省掉了一部分费用。

3. 木箱

木箱的包装费用相对较贵，包装过程也比较复杂。因此，只有一些重量不轻、商品价值又比较高的大件商品才会选择用木箱来包装。例如，大型的家电、大型的运动器材、大型的办公用品等，用木箱包装可以很好地在商品运输过程中起到保护与防震的作用。

4. PVC 管材

这种材质比较特殊，所以也适合一些特殊用途的商品。比如油画、水粉画等书画作品，如果装裱起来进行发货，不仅会增加装裱成本，也会增加发货的重量，因此，将书画作品细心地卷好，放在 PVC 管材里发货，会起到很好的保护作用。

建材商店中出售的 PVC 管材，具有圆通的外形和足够的硬度，非常适合书画作品的运输。

（二）商品之间的隔离处理

买家有时会在同一家网店购买多个商品，而这些商品有时也不属于同一个品类，这就需要网店店主在发货时做好商品之间的隔离处理，既是对商品本身的一个保护，也是防止不同的商品之间相互摩擦，造成损坏。

针对不同的商品类型，可以采用不同的隔离方法。

1. 首饰类商品

例如项链、戒指、耳环、手表等首饰类商品，最好是在包装内附带商品的原包装。尤其是那些品牌首饰商品，配发原厂的首饰袋和首饰盒，不仅美观、专业，还会让你的服务显得更加贴心。

（1）首饰类商品一定不要用塑料袋包装，而要使用纸箱包装。三层的 12 号纸箱就足够起到对首饰类商品的保护作用。网店卖家可以在网上购买纸箱，降低包装的成本，因为同样厚度和型号的纸箱，在邮局购买的价格，可能要比网上购买贵十倍左右。

（2）可以实现在首饰的包装盒外面裹上一层泡沫，再放进纸箱中，再将空隙用报纸填满，保证首饰在纸箱中不会晃动。

（3）纸箱的四个角一定要用胶带包好，避免在邮寄过程中发生意外事件。因为快递公司在发货时，会将发往同一个地区的不同商品同时装车，如果旁边的包裹中是液体商品，而该商品包裹不严密，造成液体的泄漏，很容易将你的商品浸泡。用胶带包裹纸箱，既是为了防止在运输过程中变形，也能有效地防止进水。

（4）不要用挂号信的方式邮寄。邮局的分拣机无法通过坚硬的物品，即使是小件的首饰也可能会将机器卡死，造成机器的损坏。有些即使不会卡在机器里，也很可能在分拣的过程中掉出了信封，导致买家只收到一个空信封，造成不必要的误会和纠纷。

2. 衣服、鞋帽、皮包类商品

可以先用牛皮纸或白纸将商品包好，再装进快递公司提供的塑料包装袋，防止污染。尽量不要用报纸包，如果恰巧没有其他的纸张，应该先将商品装进塑料包装袋，再包上报纸。

（1）邮寄服装类商品，可以先装入干净的塑料包装袋内，再装入防水防染色的包裹中。如果是用布袋进行包裹，应该选择白色棉布，或者其他干净整洁的布。

（2）如果是不规则形状的皮包或帽子，可以先用胶带封好口，再用纸包住手提袋并用胶带粘贴固定，减少磨损。最好再装进纸箱中邮寄，防止商品在运输过程中变形。

3. 液体类商品

可以先用棉花将液体类商品裹好，外面再用胶带缠好。封口处一定要包裹好，可以用透明胶带用力多缠上几圈，将棉花整个包住。可以包厚一点，最后再包裹上一层塑料袋，这样即使液体发生渗漏，也会被棉花吸收，再加上最外层塑料袋的隔离，不会使液体流到外面，污染其他的商品，更不会污染别人的包装盒。

如果是盒装并且塑封的香水，可以到五金店购买专门的透明气泡纸，在香水盒的外面多裹上几层，然后再用透明胶带紧紧粘住。不过为了确保安全，最好再将包裹好的香水放进纸箱中，用泡沫塑料或报纸填满空隙之后再进行邮寄。

4. 书籍、报刊类商品

可以先用塑料袋套在书籍的外面，既防止弄脏，也能够防潮。为了避免书籍在运输过程中损坏，应该多包裹几层，第二层可以选择用铜版纸包裹，第三层用牛皮纸包裹，最外层再用胶带全部缠好，不要留出空隙，尤其是要用胶带封好边角，防止破损，也防止中途有人翻看。

如果选择通过邮局邮寄，则应该在粘胶带时，注意留出贴邮票和盖章的空间，其余地方再严密地用胶带缠好。如果书籍的重量超过1000克，应该按照邮局的规定打上"井"字绳，否则邮局不会接收。

5. 光碟类商品

一般的光碟类商品都有硬盒包装，无论是否有硬盒包装，都可以在光碟的外部用泡沫纸多包裹几层，再用胶带缠紧，防止光碟磨损或折断。

（三）做好防震处理

如果没有做好商品的防震处理，即使再贵重的商品，运送到买家手中时，可能也已经变成了一文不值的废品。因此，如果是销售贵重商品、易碎商品的卖家，一定要学会如何进行商品的防震包装。

1. 不同糊弄商品的防震包装

（1）易变形、易碎商品

例如瓷器、玻璃制品、茶具、字画、工艺品等商品，都属于易碎商品的范畴。这些商品在包装时，应该多使用报纸、泡沫塑料、泡棉、泡沫网一类的填充物和包裹物，因为这些材质的本身重量很轻，又可以起到很好地缓解撞击的作用。

对于易碎和怕压的商品来说，最重要的就是在包装的空隙进行充分的填充，比如，包水果用的小塑料袋、外出采购时带回的方便袋、水果外面的泡沫软包装，以及购买电器时包装用的泡沫等。这些东西的膨胀效果很好，重量也很轻，可以降低运费成本。

（2）精密电子商品

这一类商品都比较贵重，例如手机、相机、笔记本电脑等。一般来讲，精密的电子商品都怕震动和冲撞，因此，一定要在商品外部用泡棉、气泡布、防静电袋等包装材料包好，并用瓦楞纸在商品的边角和容易磨损的部位加强保护。

在包装的空隙处，应该用报纸或海绵等物品填满，既可以起到支撑商品的作用，又可以缓解外界的撞击力，还可以避免商品在包装中摇晃。

虽然木箱比较结实，在商品运输的过程中也更加安全，但是购买的费用比较高，本身的重量又比较重，拆开时也比较费力，因此不建议使用，用加厚的纸箱代替即可。

（3）食品

某些食品的外包装也属于易碎品的范畴，除了与其他易碎商品一样做好防震处理之外，最好选择一些外观比较精美的包装箱进行邮寄，让买家收到商品时，会觉得卖家的用心，也会觉得包装内的商品更有食欲。

2. 防震包装的要点

（1）留有缓冲空间

包装商品的纸箱，应该比商品的尺寸略大一些，最好是能达到3厘米左右的缓冲空间，再将空隙用报纸或泡沫等填充物填满，让任何一个角度都能够经得住外力的冲撞，这样才可以起到很好的防震效果。

（2）填充物体积大、重量轻

这样的填充物才具备防震效果，例如报纸、海绵、泡沫、气泡布等都可以使用，而像纸壳这样厚密度的材质就不适合作为防震填充物使用。

（四）包装的注意事项

1. 不要放价格单

可以在包装内放入商品名称的清单，以便买家在收货时进行核对。但尽量不要在包装内放入商品的价格单，因为有些买家是将商品作为礼物购买，并直接邮寄到对方手中，如果让对方看到商品的价格，会产生不必要的尴尬。也会影响买家对网店的好感。

2. 商品说明更贴心

可以在包装内放入商品的说明，比如，不同质地服装的清洗方式，如何保养皮包与皮鞋，复杂的商品如何使用等，都会让买家感觉到更加人性化的服务，很可能会因为这一个简单的小举动，成为网店的忠实顾客。

3. 包装干净整洁

破烂的包装会让买家怀疑包装内的商品是否已经破损，即使没有破损，也会让买家对商品的品质产生怀疑。在不超重的前提下，尽量使用比较坚硬的外包装来发货，也可以避免在运输途中的破损。

4. 小礼品带来大回报

可以在包装中为买家附赠一些小礼品，不需要太贵重，可以是化妆品的小样，或者是钥匙扣等小礼品。不仅会给买家带来额外的惊喜，很可能也会让买家因为这个举动给网店一个大大的好评。

5. 震慑标签

可以在纸箱的封口处贴上一些防盗封条，在运输的过程中起到一些震慑作用，以防商品被中途拆开。可以自己制作防盗封条，也可以在网上购买。

6. 邮局发货先不封口

如果是到邮局进行平邮，先不要将商品的外包装封口。因为邮局的工作人员需要对商品进行安全检查，对于拒绝检查的商品，邮局会拒绝邮寄。经过工作人员的检验之后，就可以封口邮寄了。

五、计算运费，降低物流成本

不同的快递公司，由于采用不同的运输方式和运输线路，即使同样的商品发到同一个城市，也会收取不同的费用。因此，网店卖家在决定与哪家快递公司合作之前，应该对运费的价格进行多方比对，在降低物流成本的同时，提升物流的速度，从而提高买家的满意度。

1. 网店运费的计算方法

买家在网店中购物时，无论购买商品数量的多少，只要是同一个订单，在不超重的前提下，就只收取一笔运费。

卖家需要根据商品的数量和重量设置运费模板，一般来讲，设置运费的公式为"首件运费 + 加件运费 × （购买数量 −1）"来计算，不过具体情况也要根据商品的重量而定。

例如，买家同时购买了三件商品，不超过一公斤，那么就只收取一笔运费，如果三件商品加起来超过了一公斤，就在首重运费的基础上加上超重运费即可。

2. 如何在淘宝网店中设置运费

（1）登录淘宝账号，单击"卖家中心"。

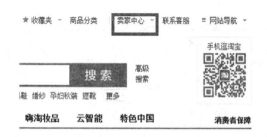

（2）在左侧导航工具栏中单击"物流管理"——"物流工具"，在右侧弹出的选项卡中单击"运费模板设计"——"新增运费模板"。

（3）分别填入所需要编辑的运费模板名称、宝贝地址、发货时间。一般来讲，商品都是按照重量来收取运费，因此计价方式可以点击"按重量"。

（4）运送方式选择"快递"，根据快递公司的收费模板，输入快递费用的价目表。

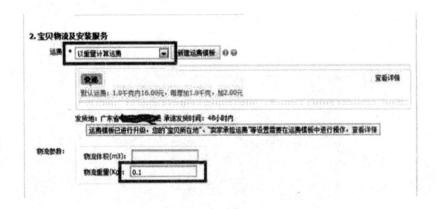

（5）在发布宝贝时，在运费一栏选中该模板，在物流参数中输入宝贝的数量，系统就会根据买家购买的数量，自动乘以单个物流量，来计算出该笔订单的运费。

六、及时跟踪，确保宝贝送达

每一件成功发送出去的货物，交易双方都可以根据快递公司提供的运单号，在网络上查询到快递的进展，掌握快递的动向，以便及时签收。

淘宝网的卖家可以登录淘宝账号，单击"卖家中心"，在左侧导航栏的"交易记录"中单击"已卖出的宝贝"，即可在右侧的订单信息里通过单击"物流信息"进行快递的跟踪查询。

如果是在淘宝网上开店，卖家还可以享受到在线下单快递服务。只要在"卖家中心"中单击"物流服务"——"在线下单"，输入商品的起始地和目的地、货物重量，即可看到系统推荐的快递公司，以及运费和到货周期。

淘宝卖家还可以通过网络下单选择"限时物流"业务。这是淘宝网为了约束物流的失效，而开发的一种新型物流方式。参加"限时物流"合作的物流公司会与淘宝网签订协议，保证在约定时间内，将商品送到买家手中。如果超时未送达，淘宝网将对快递公司做出罚款等处罚。

目前，淘宝网的限时物流项目共可以提供三种服务。

1. 次日达

如果卖家在当日 12：00 ~ 17：00 之间下单，物流公司会承诺在次日20：00 之前，将商品送到买家手中。如果是因为物流公司的原因，导致商品未能按时送达，则按照有关规定对物流公司做出处罚。

2. 次晨达

如果卖家在当日 9：00 ~ 19：00 之间下单，物流公司会承诺在次日 12：00 之前，将商品送到买家手中。如果是因为物流公司的原因，导致商品未能按时送达，则按照有关规定对物流公司做出处罚。

3. 当日达

如果卖家在当日 12：00 之前下单，物流公司会承诺在当日 22：00 之前，将商品送到买家手中。如果是因为物流公司的原因，导致商品未能按时送达，则按照有关规定对物流公司做出处罚。

七、发货后出现丢件情况，怎么办

如果发货之后发现商品的物流信息中断，则可能是发生了邮件丢失的情况。为了避免类似的情况给交易双方带来损失，网店卖家需要在发货之前与快递公司签署协议，协商好货物丢失或损坏的赔偿条款，并保管好一切可作为证据的文件。

发货之后一定要保管好快递单，这是证明卖家发货的最基本证据。一旦发现货物丢失，卖家应该在第一时间联系快递公司协商解决，根据协议中对丢件的条款向快递公司索赔。

如果快递公司确认该邮件丢失，一般默认的赔付金额是快递费用的两到三倍。如果邮寄贵重物品，一定要记得对货物进行保价，一旦货物丢失，会将损失减到最小。

当发现快递商品丢失时，网店卖家也应该及时与买家取得联系，讲明实际情况，如果买家要求退货，应及时处理。如果可能的话，可以马上为买家重新按照订单进行邮寄，再对丢失的邮件进行找寻或索赔。

新版《快递市场管理办法》的规定：

1. 野蛮分拣最高罚款三万元

快递人员在分拣作业时，应该按照快递的种类分别处理、分区作业、规范操作，离摆放快件的接触面之间的距离不应超过30厘米，易碎品不应超过 10 厘米，并即时录入信息。如果因为野蛮分拣、抛扔、踩踏或其他方式造成快递商品损坏，将罚款 1 万元，情节严重的将处 1 万元以上 3 万元以下罚款。

2. 快递赔偿不受三倍运费限制

快递企业有对快件进行保管的义务，运输过程中如果出现损毁、丢失，快递公司应该与发货人按照约定或保价赔偿，如果没有约定和保价，则按照实价赔偿。商品的价值由发货人举证证明，比如提供发票，证明商品的价值。

3. 外包装破损先验货

如果快递内包装的是易碎品，或者快递的外包装出现破损，快递企业有义务提前告诉收件人，由收件人对包装内的商品进行检验，确认无误后再签字确认。快递企业不应该以任何借口和理由，拒绝收件人验货。

4. 泄露信息最低处罚 5000 元

快递企业不得违法提供从事快递服务过程中获悉的用户信息。一旦发现快递人员有泄露客户信息的违法行为，但尚不构成犯罪的，由邮政管理部门责令改正，没收违法所得，并对个人处以 5000 元以上 1 万元以下的罚款。如果构成犯罪，将依法追究刑事责任。

第六章

电商常识推广篇：

软文 + 渠道

自从网络购物盛行以来，许多买家大到家具、家电，小到一粒扣子，都可以选择在网上购买。因此，越来越多的网店就如同雨后春笋一般生长起来，如何让买家在琳琅满目的店铺中一下子就记住你的店铺，成为了每一位店主值得深思的课题。

一、店铺名字是第一个推广策略

为店铺取一个让人过目不忘的名称是让网店站稳脚跟的基础。一个好的店铺名称，本身就可以为网店起到宣传和推广的作用。

1. 什么样的店铺名称更容易被记住

（1）通俗易懂

简洁明了、朗朗上口的店铺名称，不仅好读，而且好记。这样才能将店铺名称的传播功能更好地发挥出来，能让来店里购物的买家轻松记住你的店铺名称，在成为回头客的同时，还更方便买家向周围的亲朋好友宣传、推荐。

（2）独具特色

想要从如同繁星般众多的网店中脱颖而出，店铺名称一定不要与别人的店铺名称雷同，更不要与其他店铺名称混淆，而要彰显出自己的独立风格与品位。一个个性化的店铺名称，会给浏览者留下深刻的印象。

（3）关联商品

店铺名称要与店内经营的商品相吻合，否则很可能会对买家造成误导，甚至引起买家的反感，自然也就很难产生交易。

（4）切忌低俗

有些卖家为了吸引买家的眼球，喜欢剑走偏锋地使用一些低俗的字眼儿，这是网店经营的一大忌。这样的店铺名称不仅无法赢得买家的好感，甚至会因为涉及一些低俗词汇，被网络屏蔽，甚至封店。

（5）选定不改

有些卖家在选好店铺名称一段时间之后，又会觉得别的名字更好，后悔当初的决定，轻易就把原来的店铺名称修改掉。这样的做法很不利于老顾客的重新光顾，也会让买家混淆，不确定这是否是当初他们喜欢的店铺，久而久之，不利于店铺的品牌效应。因此，只要选定了一个适合的名称，就不要再进行修改。

2. 为网店取名的方法

（1）简单明了

简单明了的店铺名称，更容易被买家记住。例如"淑女韩装"、"好味道"、"回头客"等。除了这些简单明了的店铺名称之外，店主们还可以将所销售商品的功能结合在店铺名称上面，例如："玩具迷"一看就是主营玩具的网店，而"鲜花速递"则顾名思义是一间卖鲜花的网店，并且可以提供速递业务。这样的名字不仅好记，并且让买家可以通过名称了解店铺内的业务。

（2）借用成语

中国的成语博大精深，有些成语不仅寓意丰富，而且唯美动听，更能彰显出店主的素养。比如"衣衣不舍"，可以看出这是一家经营服装的店铺，一下子就锁定了买家的购买目标；再例如"粉妆玉琢"，通过名称即可判断这是一间主营化妆品的网店，这样的名称可以吸引很多爱美的女性；而"美食美刻"成功地让买家知道，店内的主营业务是美食，也让人们联想到，生活中的每一刻都少不了美食的陪伴，既给人轻松的感觉，又显得有韵味。

（3）巧用谐音

借用一些知名词汇的谐音，就等于借用了别人的品牌效应。比如"龟谷"，借用了美国高科技产业中心"硅谷"的谐音，不过"龟谷"是一间卖乌龟的网店，听起来既引人发笑，又让人过目不忘。

（4）适应潮流

在为店铺取名字时，可以考虑当下流行的话题和词汇，不过最好是能够让人产生愉快的联想，这样人们对店铺才会产生好感。不过，从长远的角度考虑，店铺名称不应该只适合当下的潮流，因为潮流总是瞬息万变，很可能短短几天，人们就忘记了之前热门的话题。这就需要店主费一些心思，既适应当下，也要适应长远的发展。

二、既简洁又诱人的商品描述

销售任何商品都需要在页面上为其进行介绍。不仅向买家介绍这是什么商品，也对商品的细节进行描述。

一个简洁而诱人的商品简介，不仅是对买家负责，也是一种对商品的变相推广。商品图片在网店中起着必不可少的作用，然而在介绍商品时，文字更必不可少。文字可以弥补图片无法表述出来的细节，充分说明商品的优势和价值，让买家对商品有一个更全面的了解。

商品简介究竟应该包含哪些内容，以下几点可以作为参考：

1. 商品的基本信息

这是商品简介中必不可少的一部分。买家可以通过这部分内容了解你的商品是什么，以及属于哪一个品类，例如化妆品、数码产品、音像产品，或保健品、食品等。除此之外，商品的基本信息还应该包括商品的用途、技术、产地、厂家信息等。

不过，这一部分的内容不要描写得过多，如果产地和厂家信息不够知名，也可以不写。消费者可以通过这部分信息，明确自己是否需要这个商品。

2. 商品功能

卖家可以通过简洁的语言，描述出商品的主要功能。例如，彩妆类商品应该说明是隔离、防晒、凸显面部轮廓，等等；如果是手机类产品，需要说明除了通话功能之外，是否可以照相、录音、语音拨号、是否有闹钟和日历等功能。

3. 商品原理

一般来讲，这部分内容等于是对商品功能的扩展。例如，一款透气跑鞋，采用了哪些先进的技术，利用什么样的原材料可以达到透气以及减震的效果。不只让买家了解商品的功能，还要了解为什么可以实现这样的功能，让买家感觉到这些功能的真实可信，不会产生上当受骗的感觉。

4. 商品的注意事项

这部分内容可以参照商品的说明书进行提炼，准确找出买家的关注点，提醒买家在使用时应该注意哪些问题，以免出现不良后果，造成纠纷。尤其是医药类商品和保健品、食品等，一定要写明哪些人群不能服用，在服用时需要注意哪些事项。一定要进行准确描述，否则会对买家造成误导。

5. 其他信息

如果商品属于短时促销或限量款，也可以在商品简介里进行说明。这部分的内容能够对买家起到一定的激励作用，在买家犹豫不决时，这样的信息可以加速购买的决定。

除了应该从以上几个角度对商品进行介绍之外，商品简介最重要的一点就是文字量一定要少，用最简短的语言描述出商品的主要卖点，同时尽量抓住买家的心理，知道买家想要什么，再将这些一并体现在商品简介中。如此一来，就可以让买家通过看到简介，对你的商品感兴趣。

三、巧用淘宝论坛吸人气

一些电子商务网络平台对网店的默认排序是按照销量或好评，也就是说，你的商品卖得越多，当买家搜索同类商品时，你的网店排名就会越靠前。

这一规则会让一些中小型网店的店主想尽一切办法拓宽网店的宣传推广渠道，让自己的网店免于被电子商务大潮淘汰。

想要将网店做好，自然离不开客户浏览量。网店店主不能坐在家里等待流量上门，而要主动出击去寻找流量。可以将淘宝论坛当作一个寻找流量的好去处。

淘宝论坛是目前最具人气的一家淘宝店铺推广社区，为网友提供了一个免费发布信息的平台，社区中的大部分内容都是针对淘宝网开展的。在这里可以找到淘宝买家的购物攻略、方法技巧，也为淘宝卖家提供了店铺促销的机会。

可以在社区中写写日志，表达自己的心情，只要是发帖或回复，都可以获得相应的积分，用得到的积分换取免费的礼品。在淘宝论坛中，许多淘宝店主或买家都在以发帖和跟帖的方式进行交流。许多卖家也在这里借机宣传自己的网店，争取更多的客户。

不过，想要吸收更多的人气，就需要提高自己在论坛中的知名度，这样才会吸引人去看你发的帖子。而要想成为论坛中的名人，也就要求你要多逛社区，多在论坛中发帖，多发精华帖。你的名气提高了，店铺的名气自然也就跟着提升了起来。

通过以下的步骤讲解，我们可以了解到如何在淘宝论坛中发帖。

1. 登录淘宝论坛

淘宝论坛的官方网址为 http://bbs.taobao.com。在浏览器中输入这个网址，即可进入淘宝论坛。你的淘宝账户即为淘宝论坛的账户。

淘宝论坛分为多个板块，不同的板块对应不同的内容。在论坛的首页上，可以看到导航栏中分为"聚焦热点""卖家之声""活动专区""金牌卖家"等板块，点击每个板块，都可以看到里面丰富多彩的细分板块和内容。

2. 设置个人信息

一个好的论坛头像和签名，可以为论坛中的其他会员留下深刻的印象，也等于在对自己的网店起到一个变相的宣传作用。

设置这些信息，可以进入"我的淘宝"页面，单击"账号管理"——"个人资料"，如果想要更换头像，可以单击头像下方出现的"编辑头像"，在弹出的对话框中单击"本地上传"，即可将电脑中的头像上传。

需要注意的是，头像图片的文件格式应该为 JPG 或 GIF 格式，图片大小不应超过 120×120 像素，文件大小应该小于 100Kb。淘宝也为用户准备了一些系统自带的头像，供用户选择。

3. 发表帖子及回复

（1）登陆淘宝论坛之后，根据自己的需要，选择相应的板块进入，找到"发帖"按钮，将鼠标放在"发帖"按钮右侧的小三角上，就可出现三种选项，分别为"发帖""投票""图集"，单击"发帖"，就可以进入发布帖子的页面。

（2）在"标题"文本框中输入标题名称，单击"版面"的下拉列表，选择帖子的发表版面，在"内容正文"文本框输入帖子正文，单击"发表"即完成了帖子的发布。

（3）在各个板块里也可以对别人的帖子进行浏览和回复，单击页面中的帖子就可以看到帖子的详情，里面包括发表者的信息、帖子的详细内容以及他人的回复。

（4）如果想对帖子进行回帖，可以单击帖子页面右上角的"回复本帖"，在文本框中输入想要回复的内容，单击"发表回复"即可。

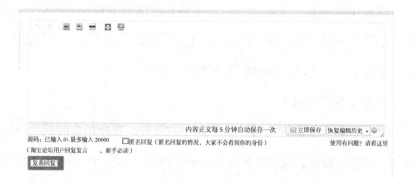

（一）发布言之有物的软文

如果一篇帖子的内容除了广告之外，言之无物，内容空洞无聊，不仅起不到好的宣传效果，反而会适得其反，甚至让其他会员对你留下不好的印象，更不要提到你的网店中购物了。

如果实在找不到能够吸引人的内容，可以尝试在帖子中写一些优美动人的软文，同时搭配一些既美观又个性的图片，可以适当地展示一些产品的细节，增加帖子的质量。

不过既然是软文，广告的成分就不能太明显，如果将营销的氛围暴露得太多，可能会引起其他人的反感。

如果被加入精华帖，就会吸引大量的浏览量，还有可能获得社区的"银币"奖励。所谓"精华帖"，就是被版主或管理员加为精华的帖子。只有阅读价值较高的帖子才能获得这样的机会。

在发帖时，可以参考以下方法，争取让自己的帖子成为精华帖，获得更多浏览量。

1.绝对原创

这是一切精华帖的前提条件。在其他地方抄袭或效仿的帖子，即使模仿得再好，也无法成为精华帖。除此之外，还应该完全遵循淘宝论坛的发帖规则，否则不仅无法成为精华帖，还可能会被屏蔽或封号。

2.内容翔实

不要写一些空洞的内容，没有人愿意看一篇空洞乏味的文字，一定要让帖子中的内容既详细，又实用，最好是可以让别人从帖子中学习到一些知识或技巧。

3. 图文并茂

如今已经进入了一个读图的时代，很少有人会有耐心看完大篇幅的文字，精美的插图会起到缓解视觉疲劳的效果。尤其是教程类的帖子，图文并茂的形式很容易让人一学就会，有时候，人们很可能会因为帖子中的某一个图片，对一篇帖子产生深刻的印象。

4. 符合板块内容

淘宝论坛的每个板块，都有专属于自己的定位，因此，在哪个板块内发布的帖子，就要契合哪个板块的主题。不能把买家交流经验的帖子发到活动促销专区，即使写得再好，也无法成为精华帖。

5. 题目要吸引人

为帖子取一个精彩的标题，可以说，这篇帖子就已经成功了一半。因为其他会员在浏览帖子时，通常都是先看到帖子的标题，如果标题吸引人，才会点击进去浏览帖子的详细内容，不过，标题应该与实际内容相符，否则会让浏览者产生强烈的落差。

6. 总结经验

总结心得与经验的帖子，常常能够收获更多的浏览量。无论是网店的经营还是在网络上购物，总会发生各种各样的问题，对处理这些问题的经验与心得做一些总结，能够对他人起到帮助的作用。

7. 内容清晰

帖子的篇幅不需要太长，只有清晰地表明观点或经验，让别人一看就懂，才可以称之为精华帖。最好能让别人通过看你的帖子，获得一些经验和指导。不要写了很长篇幅的文字，依然无法让别人了解到你在讲什么。

8. 排版精美

虽然帖子的排版无须像报纸和杂志那样没有瑕疵，不过美观的排版总是能让人忍不住多看两眼。帖子的字体最好大小适中，每一段的内容不要太长，段落清晰，颜色不要太复杂，不过想要重点突出的内容可以用一些不同的颜色做标记，一目了然，搭配一些表情，更加引人入胜。

9. 多看多学

多看别人如何发帖，可以为自己发帖积累一定的经验。尤其是多学习别人的精华帖，了解别人喜欢看什么，才能有的放矢。

10. 申请精华帖

如果觉得自己写的帖子足够精彩，可以向版主或论坛管理员毛遂自荐，这也等于为自己宣传，让管理员注意到自己的帖子，获得成为精华帖的机会。

也可以多多求助身边的亲朋好友浏览自己的帖子，并进行回复，让帖子所处的位置尽可能提高，争取获得更多点击量。

（二）及时回帖，积极互动

进入淘宝论坛之后，要将这里作为网店的主要宣传地之一，并且要尽可能地成为论坛中活跃的一员。除了要经常发帖之外，也要经常回帖。如果有人为你的帖子留言，应该尽量在第一时间回复，与对方交流。如果发现别人写的好帖子，也应该为对方回帖，获得互相关注的机会。

利用淘宝论坛为网店宣传，其中一条重要的理念就是"贵在坚持"。

即使不能做到每天发帖，也要经常有新帖子出现在论坛里，当积累到一定的人气之后，偶尔可以在帖子中附带一些网店和商品的信息或链接，让帖子的读者顺其自然地接受。

1. 回帖宣传的好处

（1）提升宣传效果

有时候，利用回帖的方式对网店进行宣传，甚至比发帖宣传的效果还要好。一个好的回帖，配上好的会员名、头像以及签名，发表在一个比较醒目的回帖位置上，可以收到意想不到的宣传效果。

需要注意的是回帖的内容，以及与发帖人的交流。根据浏览者的浏览习惯，总结出比较好的回帖位置依次排列是："沙发""板凳"、十五楼、第一页、第二页、第三页、最后两页。

（2）赢得楼主好感

一个用心的回帖等于是对楼主发帖内容的尊重，楼主自然也会对回帖人产生好感。也许会因此获得与楼主进行沟通交流的机会，除了能够相互探讨发帖的经验，为自己发帖提供灵感之外，说不定还会为自己的网店发展一个潜在顾客。

（3）营造良好风气

多发帖、多看帖、多回帖，是作为一个论坛会员的基本素养。如果每个人在看帖之后都不回帖，渐渐地，大家都会失去发帖的兴趣，论坛也就失去了存在的价值。对于网店卖家来说，也就少了一个宣传的渠道。因此，为优秀的帖子回复，既是对别人的尊重与鼓励，也是对自己人气的积累。

（4）提升论坛等级

一般来讲，论坛会将会员区分成不同的等级，除了注册时间之外，发帖和回帖量的多少也会影响会员的等级。等级越高，别人对你的帖子也就越会关注。

（5）积累人气

经常回帖，也会让自己成为论坛中的焦点。如果能配合幽默的语言，很容易就会成为受人欢迎的人。慢慢地，也就会为自己积累一定的关注度。

2.如何利用回帖宣传

（1）不要用广告内容回帖

有些人在回帖时，内容与楼主的帖子内容没有半点关系，全篇都是对自己店铺和商品的介绍。这样的回帖不仅会引起楼主反感，甚至会被删除。

可以在尊重楼主原帖的基础上，稍微渗透一些店铺的信息，比如"身为××店铺的店主，对楼主的看法深表赞同"，如果回帖内容写得足够精彩，即使不介绍店铺和产品，也会吸引其他人去搜索你的店铺。

（2）多回复点击率高的帖子

一般来说，公告、置顶、精华帖这三类帖子的点击率都比较高，一定要在这样的帖子中抢占好的回帖位置。除此之外，要了解哪些会员在论坛中的威望比较高，这些人发的帖子也一定要回复。

对于一些回复较少的新帖，如果你觉得内容很精彩，将来会吸引很多人的关注，也一定要及时回复，抢占好的回帖位置。

四、拓宽推广渠道

在宣传网店时，不要让宣传信息只局限于某一种单一的宣传渠道，而要发散思维，利用网店之外的资源。比如博客、微博、微信、QQ 空间、电子邮件等方式，广泛撒网，有些宣传渠道可以带来意想不到的效果。

（一）微信：发挥客户群的优势

伴随着微信的火热，微信营销也为网店卖家们提供了一个全新的营销渠道。许多企业和个人都通过微信营销，获得了可观的利润。

从目前的情况看，微信已经成为了当下最火热的一款聊天工具，并且依然存在着广阔的发展空间。

利用微信进行营销的优势，就是可获得更加真实的客户群，每一个客户几乎都是自己生活中的亲人、好友，或者朋友的朋友，总之，是在发生交易行为之前，就已经认识的人，这样的客户群体也更加具有价值。

因此，有媒体会形容"一万个微信好友相当于一百万个微博粉丝"，虽然说法有些夸张，但却充分体现了微信客户群的优势。

微信营销具有以下优势：

1.精准营销

微信的用户群非常庞大，只要拥有一部移动终端，就可以申请微信账号，与微信好友进行交流。同时，微信还可以对用户所处位置进行定位，在微信中发布的消息几乎圈中的每个好友都可以接收到。

2.形式多样

（1）位置签名

微信中设置了"用户签名档"板块，等于为商家提供了一个免费的广告位，可以利用这一板块为店铺进行宣传，附近的微信用户都可以看到商家的信息。

（2）二维码

微信的另一个功能，是可以通过扫描二维码来添加朋友、关注企业账号。每一个企业和商家都可以设定自己的品牌二维码，用一定的折扣和优惠来吸引用户关注。

（3）开放平台

在这里可以接入第三方应用，用户可以在微信中分享第三方用户的信息。例如，网店店主可以将自己的商品链接分享到微信中，通过用户之间的不断分享，获得更大的传播效应。

（4）公众平台

只要拥有一个手机号码，就可以建立自己的微信公众账号，在微信平台上分享文字、图片、语音信息，向特定的人群进行推送。

3.友情营销

通过微信的聊天沟通，可以将陌生人发展成朋友的关系，从而产生更大的宣传价值。在微信的交流中，可以通过向对方答疑解惑、讲解知识等方式，与对方成为朋友，也就获得了对方的信任。

朋友的关系比单纯的买卖双方的关系更加稳定，提升了信任，也就等于打开了销量。

（二）微博：每一个粉丝都是营销对象

通过微博分享，也是一种关注度高、信息快速散播的营销方式。将微博作为营销平台，每一个粉丝都可以成为营销对象。利用更新微博的方式发布店铺和商品信息，可以树立良好的口碑和形象。

不过，利用微博进行营销，不能单纯地只是发广告，平时应该多发布一些大家感兴趣的话题，争取更多的粉丝关注，营销的效果更加显著。

1. 微博营销的特点

（1）成本低

微博只能发送 140 个字，无须长篇大论的信息，效果却丝毫不低于广告的效果，反而比广告的费用更低，甚至不需要费用。与传统的报纸、电视等媒体相比，微博的受众面甚至更加广泛，同时，对微博进行维护的成本也十分低廉。

（2）覆盖面广

无论是手机还是电脑，或者其他移动终端，只要能连接网络，就可以使用微博进行信息的发布。还可以转发别人的微博内容，尤其是利用名人效应，能让信息快速放大和传播。

（3）见效快

微博的针对性更强，利用微博进行营销，可以用"投资少，见效快"

来形容，短期内就能获得最大收益。

（4）手段多样

微博的技术相对发达，也更加人性化。可以同时发布文字、图片、视频等多种方式，让信息以更丰富的面貌展现在粉丝面前。

（5）话题更开放

只要不涉及违反国家法律法规的言论，任何话题都可以在微博中进行公开探讨，最大化地与粉丝进行交流。

（6）拉近与粉丝的距离

许多明星和名人也喜欢利用微博与粉丝拉近距离，这就是微博的一大优势，通过微博与粉丝之间平等交流，没有距离的对话更容易博得好感。

（7）传播速度快

一条微博在发送出去的一瞬间，就可能被别人观看到，如果是大家都感兴趣的话题，短时间之内就会引起爆发性的互动和转发。无论是世界上的哪一个角落，只要是有人关注微博，就有可能成为你的粉丝。

（8）方便快捷

微博最多只能发送140个字，只需要简短的构思即可完成信息的编辑。微博内的文字、图片和视频等信息，只要编辑完成即可即时发布，节约了大量时间成本，也不需要太多的人力。

（9）浏览性强

可以利用微博的多种先进媒体技术手段，将商品进行多角度的展示和描述，让潜在的顾客更容易接受。

（10）互动性强

能够与粉丝进行及时的沟通，了解潜在顾客的反馈。

2. 微博营销的技巧

（1）昵称个性化

一个个性化的微博昵称，不仅更容易被记住，也会引起别人对微博内容的兴趣。也可以将自己的店铺名称或商品名称作为微博昵称。

（2）定期更新

想要利用微博营销，必须保证微博的更新频率。不断制造出引人关注的新话题，才能吸引目标顾客的关注，使自己的微博不被公众遗忘。

（3）只发精品

微博内容的数量不在于多，而在于精，否则发再多的微博也没有人关注，无法起到任何营销作用，也是在浪费自己和别人的时间。

（4）信息真实

如果在微博中发送了优惠和促销的信息，就要保证一定能够兑现，获得粉丝的信任。并且，微博上发布的信息，应该与网站上保持一致。活动结束之后，要对活动的情况进行跟踪报道，吸引更多粉丝加入。

（5）及时回复评论

与淘宝论坛营销一样，及时回复粉丝的评论，也是一种营销方式。要定期查看自己的微博是否获得评论，也要多多关注粉丝的动态，适当地回复和评论，这样才能制造更好的互动效果，同时也是对粉丝的尊重。

（三）QQ空间：打造自己的专属媒体

QQ也是一种普及范围很广的社交软件，几乎每一个网民都有常用的QQ号，在QQ空间内可以任意发布一些心情及动态，好友们可以通过浏览你的QQ空间，获取这些动态信息。因此，QQ空间也可以作为一个很好的营销渠道。

利用QQ空间进行宣传，可以参照以下技巧：

1. 日志内容要有价值

利用QQ空间做营销，等于为自己打造一个专属媒体，最好是分享一些有价值的原创文章，能让空间中的好友通过看你的文章学习到一些东西。在每篇文章的底部，可以加上商品或网店的链接，如果好友对你的文章感兴趣，自然会点开你的链接，看一看里面都有些什么，这也就完成了成功营销的第一步。

2. 多次发布

空间中的日志，并不是发布一次之后就失去了价值。因为一次发送之后，并不是所有的好友都能看到，有时被空间中大量的信息冲击之后，你的文章可能不会显示在推荐的主页面上，并且渐渐被各种信息淹没。

因此，如果觉得文章中的内容写得比较好，可以引起好友的关注和共鸣，不妨在隔一段时间之后重新发布，增加文章的曝光率，吸引更多人关注。这样做，也是为了让文章底部的链接有更多人点击。

3. 自我营销

如果经常逛论坛，会知道论坛中的帖子需要别人的回复来顶起。其实，QQ 空间的性质也有些类似，日志发布之后，也需要自己的 QQ 好友来评论，评论得越多才会吸引更多的人关注，也能不断提升日志的排序。

在日志发布的最初，可以自己多"顶一顶"，或者求助亲朋好友帮自己把日志顶起来。

4. 多为好友评论和点赞

多多关注好友的 QQ 空间动态，多为好友评论和点赞，也是为自己积累人气。当你的 QQ 空间产生新动态的时候，即使是出于礼貌，你的好友也会点看关注一下，做一些评论或点赞。

5. 利用空间相册

许多人进入 QQ 空间之后，更喜欢看到好友的空间里有新照片更新，可以了解好友的动态。想要在 QQ 空间中营销，就不应该将空间相册打造成一个秘密空间，而要全部开放。相册中既可以分享一些自己的生活照，也可以分享与顾客的合影，或者成功的案例和商品。在无形中推广了业务，也能博取别人的信任。

6. 利用 QQ 说说

巧妙地将 QQ 说说也发展成为一个营销的空间，可以简短地发表一些与店铺和商品有关的语言，也可以是经商的感悟，不要只顾着发表自己的感慨与消极负面的东西。只有引来回复、能够产生互动的说说才是成功的。

如果有充裕的时间，可以从早晨到晚上，每两个小时就更新一次说说，让好友觉得你的动态时刻在变化，也会吸引别人的注意力。

7. 主动推广

现在是一个"酒香也怕巷子深"的时代，如果写了一篇比较好的日志文章，如果没有获得大量的关注，未免有些可惜。

其实，可以在发表日志的同时，将日志的网站链接主动发送给 QQ 中的好友，主动引起他们的注意。如果好友喜欢你的文章，很可能会转发和分享，这样就有更多的人可以看到你的日志和店铺链接。

如果有人对你的店铺和商品感兴趣，会主动加你的 QQ，这样的顾客往往具有较高的成交率和忠诚度。

8. 发布日志的频率

QQ 空间日志要选好发布的频率。如果刚刚开始运营 QQ 空间，最好每天都发布一篇日志，最少要坚持十天以上，当日志积累到一定数量，可以选择每隔一两天发布一篇日志。这样才会让别人点开你的空间时，不会觉得没什么内容可看，也会吸引别人浏览之前的日志。

（四）电子邮件：发掘潜在客户

电子邮件营销是向潜在顾客发送电子邮件的方式，促进交易的达成。一般来讲，电子邮件中会包含店铺或商品的广告信息，通过互联网向潜在顾客和老顾客发送，促进新顾客的购买，也是鼓励老顾客的重复交易。

1. 电子邮件推广的特点

（1）营销范围广

中国目前拥有近六亿的网民，而全世界的网民数量已经超过了 22

亿。对于商家来说，这是一个庞大的用户群，只要拥有对方的电子邮件地址，就可以在短时间内让自己的广告信息被全世界范围内的数千万潜在顾客看到。

（2）传播效率高

发送电子邮件的过程非常简单，只要输入要发送的内容，填写对方的电子邮箱地址，即可完成发送。如果借助专业的电子邮件群发软件，一台电脑每天可以发送数百万封的电子邮件。

（3）成本低

利用电子邮件进行营销的费用支出，仅仅是上网费用，与传统的广告费用相比低廉得多。

（4）应用范围广

任何一个行业都可以利用电子邮件的方式进行推广，电子邮件中不仅可以包含大量的信息，并且保存期很长，方便邮件的接收者收藏和传阅。

（5）定向性强

电子邮件可以带有一定的针对性进行发送，可以指定向特定的某一类人群发送邮件，根据行业或地域进行分类，让自己的广告目标更加明确。

2. 电子邮件推广的技巧

（1）不要狂轰滥炸

可以在发送正式的广告邮件之前进行一下测试，每隔一周、两周或三周向用户发送一封邮件，测试出哪个时间段的邮件点击量最高，然后按照这个频率进行发送。

（2）确定目标群体

在阅读邮件的群体中，进行进一步分类，区分出哪些用户对你的邮件内容是真正地喜欢，阅读了邮件中的大部分内容，再针对这一部分群体，发送广告邮件，同时发送一些促销的产品和服务，引起对方的购买兴趣。

（3）了解用户喜好

在真正对你的商品感兴趣的用户中，再进一步了解到用户们更喜欢什么样的打折和促销信息，适当调整营销策略。如果不能抓住顾客的心思，花费再多的时间去考虑营销策略也是白费。

（4）抓住黄金用户

一般来讲，只有20%的人才会对广告邮件产生一定的兴趣，可以对用户的点击率进行监测，找到这20%的黄金用户，针对他们发送进一步的广告信息。

（5）先测试再发送

在发送之前，一定要对文件的内容进行检查，确保图像信息可以打开，以及邮件中的网站链接能够正常点击。

（6）邮件内容有价值

邮件中的内容不要空洞无物，更不能只有广告信息，而是要让用户看到你的邮件之后不会产生后悔打开的感觉。无论是标题还是正文，都要仔细斟酌之后再进行编辑。

（五）漂流瓶：软化广告属性

漂流瓶是QQ开发的一种游戏，通过随机捞取漂流瓶的方式，获取陌生人发来的信息。虽然漂流瓶最初是以一种游戏的方式出现，但如今也可以作为一种营销方式来利用。

漂流瓶并不能指定发送对象，是由系统随机选择接收方。如果在漂流瓶的信息中添加了网店或商品的链接，如果对方看到你的漂流瓶，再点击其中的网址，那么漂流瓶营销就成功地迈出了第一步。如果对方通过链接产生了购买行为，可以说这是一个完全成功的漂流瓶营销。

1. 漂流瓶推广的优势

（1）匿名发送

无论是漂流瓶的发起人还是回复者，都是以匿名的形式出现，不会暴露昵称和 QQ 号码，如果对方不喜欢你发布的广告，最多可以选择关闭不看，而不会被投诉或举报，也不会被屏蔽和删除。

（2）提高知名度

接收漂流瓶的人，从事着各行各业，即使不是你的潜在客户，也在无形中为自己的店铺起到了宣传的作用。

（3）发送次数多

每天可以发送六次漂流瓶，也可以捞取六次漂流瓶。如果认为漂流瓶能对宣传店铺起到比较好的效果，可以多注册几个 QQ 号，获得更多发漂流瓶的机会。

（4）随机性强

漂流瓶是由系统以随机的方式进行分配，只要对方捞到漂流瓶，一般都会点开看一下里面的内容。只要你的广告信息写得不引起对方的反感，如果对方恰好有这方面的需要，相信一定会点击到广告中的链接网站里看一看。

2.漂流瓶推广的技巧

（1）广告不要过于硬性

可以根据自己的行业和商品，组织一些软性的宣传语言，过于硬性的广告语言会引起漂流瓶接收者的反感，最好是不要附带一些店铺名称、商品名称、项目名称一类的广告词汇，让接收者更加容易接受。

（2）利用图片

漂流瓶也具有插入图片的功能，将图片插入文字下方，还可以对效果进行预览。应该对这一功能多加利用，发送一些店铺或商品的图片，不过图片的像素一定要高一些，以免对方看不清。

（3）准确利用漂流瓶类型

漂流瓶也被区分成了多种不同的类型，例如"交往瓶"，就是只针对女性发送的漂流瓶，适合经营化妆品、女装、女性用品的店铺使用；如果你的商品主要针对同省或同城的用户，则可以发送"定向瓶"，方便店铺信息的快速传播。

（4）巧用附加功能

漂流瓶具有"转发到微博"和"同时扔给多人"的功能，等于为漂流瓶的传播信息拓宽了渠道。

（5）利用头像与签名

一个头像和一句签名，都可能引发对方点击的欲望，因此不妨更换一个更具个性化的头像和签名。

3.漂流瓶推广的注意事项

（1）持之以恒

与其他推广方式相比，漂流瓶推广的速度可能相对较慢。因为这是一种随机性的推广方式，并非每个人都会对你发送的信息感兴趣，所以不要心急，广泛撒网，坚持发送，一定会有所收获。

（2）广告氛围不要太明显

如果让对方一看就知道是在发送广告，很难引起对方的兴趣。要先让接收者对你的漂流内容感兴趣，才能对其中的广告内容感兴趣。

（3）注意措辞

漂流瓶中的信息措辞不要生硬，而要相对温和一些，也可以根据行业和商品的特点，写上一些具有诱惑力的话语，引起对方的兴趣。

五、合理促销，同时打造销量和知名度

网店卖家向潜在顾客传递有关店铺和商品的各种信息，吸引买家购买其商品的行为，即为促销。促销的目的是为了扩大销量，其实也是一种通过沟通的方式进行宣传的手段。

卖家向买家发出各种刺激其消费的信息，再通过买家辐射到他周边的人群，对更大的潜在顾客群体产生影响，从而对自己的店铺进行宣传。

1.促销的方法

（1）反时令促销法

一般来讲，消费者都是按照时令购买季节性商品，比如，冬天买羽绒服，夏天买电风扇，一旦过了季节，这些商品的销售期便进入了淡季。如果在淡季对这些商品进行打折促销，有时会收到意想不到的效果，甚至可以看到羽绒服在夏季大卖的场面。

（2）独次促销法

这种促销方式是抓住顾客"物以稀为贵"的心理，无论多么畅销的商品，只进一次货，一旦销售完毕，就再也不会出售。这样的方式会给顾客造成机不可失，时不再来的想法，在决定购买时也会毫不犹豫。

（3）翻耕促销法

这种促销方式需要卖家有完善的售后服务系统，根据顾客的购买记录，以及姓名和地址，对顾客进行回访，比如，询问商品是否需要修理，对商品和店铺的服务是否满意，对店铺及商品有什么更高的要求等。通过完善的售后服务换取顾客的好感，从而产生再次购买的行为。

（4）轮番降价促销法

在店铺中分阶段、批次地销售一些特价商品，并且以醒目的方式宣传出去。特价商品的种类不需要太多，三四种即可，用低价吸引顾客进店消费，从而带动其他商品的销售。

（5）每日低价促销法

每天都在店铺中推出特价商品，吸引买家光顾。这样做的好处是可以不断给顾客带来新鲜感，顾客甚至可能形成每天进店看一看的习惯，看看又推出了哪些自己需要的特价商品，不断对顾客形成吸引力。

（6）最高价促销法

这是一种"反其道而行之"的促销方法。不打低价牌，反而宣称自己是同类商品中的最高价。虽然可能会引起买家短时间之内的惊诧，但绝对会吸引一部分眼球，反而给人一种商品质量值得信赖的感觉。对于高收入的买家群体来说，这样的商品可以满足身份与地位的需要。

（7）对比促销法

将当季最流行的高价商品与换季打折促销的低价商品摆在一起销售，用巨大的差价吸引买家的注意力。这样可以同时抓住两类顾客的心理，追求时髦的顾客在进行对比之后，会发现当季的商品与过季商品相比，更加流行，因此也就忽略了相对较高的价格；而追求实惠的顾客在对比之后会觉得过季的商品更加实惠，因此，可以起到一箭双雕的促销作用。

（8）拍卖式促销法

拍卖的形式足够新鲜，可以勾起买家的参与兴致。只要为商品定下一个起拍价，由买家参与竞拍，在规定的时间之内，出价最高的人即可购买到该商品。这样出售的商品大多数能卖出高于零售价的价格。不过，拍卖的形式不适合每天都搞，否则就会失去新鲜感。

总之，随着网店的不断增多，买家的挑选余地也变得更大，因此网店卖家与买家之间的沟通也变得更加重要。通过促销的方式不仅能为店面起到宣传作用，也可以让买家加深对店铺和商品的认识。

通过一些适当的刺激手段，在一段时间之内调动买家的购买热情，也让消费者愿意花钱来购买你的商品。可以说，促销是网店在经营过程中进行宣传的一把利剑。

第七章

电商常识运营篇：

管理 + 维护

店主是店铺的管家，为确保店铺的正常运用，店主要对日常管理面面俱到。商品管理，交易管理，评价管理，客服管理，以及客户源的开发与维护，都是店主要操心的事。经营一家店铺，不仅要卖东西，更要经营信誉。

一、商品管理，管理什么

无论经营哪一类的网店，都需要对经营的商品特性了如指掌，只有这样才能保证与顾客沟通时的顺畅，培训出专业的客服人员，在商品的销售过程中不受阻碍。

1. 了解商品规格与特性

掌握商品的规格与特性，是作为一家网店经营者应该掌握的基础知识。了解这两种知识，才能更好地向买家推销商品。

可以试想一下，如果连商品的尺寸、材质、特点、使用方式都不了解，怎么去回答买家在购买时的各种提问？"一问三不知"会给买家留下不专业的印象，很可能无法达成交易。

如果将商品的基本情况熟记于心，不仅无惧买家的提问，甚至可以抓住买家询问的细节，了解买家的喜好，从而推荐更适合买家的商品。

（1）商品规格的表现形式

商品规格是对商品最基本的衡量标准，不同商品采用不同的规格，而类似的商品也主要靠商品规格进行区分。它主要指一些反映商品品质的指标，比如容量、长短、粗细、含量、化学成分等。

商品规格比较常见的几种表现形式，主要分为以下几种：

①按尺码表示

人们日常穿戴的服装、鞋帽、饰品，一般都按尺码来表示商品的规格，中国常见的鞋子尺码从 35 码到 42 码不等，而欧美的鞋子常见尺码则从 2 号到 10 号不等。在销售鞋子时，买家的尺码就可以作为销售的依据。

不同国家对尺码的表现方式不同，服装的尺码在不同的国家也有着不同的表现形式。

a. 中国服装尺码

按照服装尺码由大到小的顺序，中国传统的方式是用字母 XS、S、M、L、XL、XXL 来表示，分别代表加小号、小号、中号、大号、加大号、加加大号，以此类推。

另外一种方式是用身高加胸围来进行表示，例如 160/80A、165/85A 等，前面的数字代表身高，后面的数字代表胸围，字母则代表体型，A 为一般身材，B 为微胖身材，C 为胖身材。

b. 欧洲服装尺码

相对于中国服装尺码的表现形式来说，欧洲服装尺码的表现形式比较简单，单纯用数字进行表示。一般情况下，欧洲上装的尺码介于 34 码到 56 码之间，数字越大，衣服越大。

而下装的尺码是用腰围尺寸来进行表示，介于 25 码到 40 码之间，同样，数字越大，下装的尺码越大。

c. 北美服装尺码

北美服装尺码的表现形式相对比较复杂，在国内很少有店铺采用这种表现形式。北美尺码的数字范围比较小，在 0 到 11 之间，每一个数字代表一个身高，每两个相邻数字的身高相差 5 厘米。

例如，身高 150 厘米的人适合的服装，用数字 1 表示，那么数字 2 则代表适合身高 155 厘米的人穿着，以此类推。

而北美服装尺码中的字母，并不仅仅代表胸围或者腰围，而是代表胸围和腰围的差值范围。字母"Y"代表胸围与腰围相差 16 厘米，"YA"代表相差 14 厘米，"A"代表相差 12 厘米，"AB"代表相差 10 厘米，"B"代表相差 8 厘米，"BE"代表相差 4 厘米，"E"则代表相差无几。

例如，服装上的尺码为"BE2"，则代表适合身高 155 厘米，胸围和腰围相差 4 厘米的人穿着。

②按重量表示

这是一种非常常见的商品规格表现形式，主要用于固体商品，重量单位一般用"克"、"千克"或"公斤"来表示。像食品、化妆品、茶叶等，都是用重量来表示商品规格。

字母"g"代表"克"，"kg"代表"千克"，也就是"公斤"，例如，一袋茶叶重 50g、一袋大米重 10kg、一只口红重 3.5g 等。

③按容量表示

液体商品的规格常用容量进行表示，单位为升（L）、毫升（mL）。例如，一瓶矿泉水的规格为 500mL、一瓶化妆水的规格为 150mL、一瓶洗衣液的规格为 5L 等。

④按长度表示

例如，电线、窗帘杆、装修管材等商品的规格都是用长度来表示，单位分别为毫米（mm）、厘米（cm）、米（m）等，例如，一根窗帘杆的长度为 3m、一根网线的长度为 1.5m 等。

以上几种，只是商品的常见规格表示，除此之外，还有平方米、立方米、功率等计量单位，可以按照自己店铺中的商品种类进行具体了解。

（2）商品特性

商品除了本应具有的最基本功能之外，还包含性能、外观、材质、配件、资质等特点，这些特点综合起来，就叫作商品的特性。如果能将商品的各种特性熟记于心，在销售过程中会起到事半功倍的效果。

①商品性质

包括材质、规格、适用范围等内容，这些也是商品的最基本知识，比如，食品的原材料、服装的尺码、适用于哪些人群和场合，了解了这些，就可以给买家一个基本满意的回复。

②商品优势

了解了商品的优势，在与其他同类商品进行对比时，会对买家造成更大的吸引力。例如，销售的食品是有机食品，不含农药；皮鞋采用头层牛皮，更结实耐穿；背包的款式是限量款，全球只有几十个，等等。

这些商品优势可以在销售过程中起到"临门一脚"的作用，极大地刺激买家的购买欲。

③商品功能

许多买家在购买商品时，不只关注商品的外观，同时更注重商品的功能。每一件商品，都应该满足买家的某一种需求。

例如，冬天买羽绒服，买家更看重轻便和保暖功能；购买彩妆，买家更看重不脱妆以及不损伤皮肤等。这些不仅是商品的特性，更是商品的卖点，只要能够了解并且巧妙地进行利用，都可以成为销售过程中的有利技巧。

2. 熟知商品使用方法

买家在购买商品时，经常会货比三家，想要了解不同品牌的商品，差别在哪里，如何使用才能让商品的功能最大化地发挥出来。这就要求网店卖家对商品的使用方法进行透彻研究，学习这一部分知识，也可以帮助买家解决问题，带给买家最大化的利益。

将商品的使用方法研究透彻，自然就能准确找出买家使用商品时的利益点，以及买家需求的重心。

（1）了解使用方法的途径

①仔细阅读说明书

许多功能性商品在销售时，都配有专门的使用说明书。卖家需要做的，就是对说明书进行仔细阅读，不要觉得这是一项枯燥的工作，买家提出的很多问题都可以在商品使用说明书中找到答案。

②亲自试用

有些卖家会觉得每一件商品都承担了一定的成本，舍不得亲自使用。其实，这小小的成本却能为自己带来更大的利益。因为经过亲自试用，可以将商品带来的感受与优势更加直观地分享给买家，如果善于使用一些引导性的推销语言，就会轻松促成交易的达成。

（2）如何介绍商品的使用方法

①文字展示

在商品的页面上设立商品使用方法介绍专区，让买家在购买商品之前，就对使用方法进行初步的了解，也为解答买家疑问节省了时间和精力。

②图片标注

通过图片的后期编辑，可以在商品图片上的功能部位标注文字。例如，在数码相机的图片上标注出"快门""镜头""卡槽""热靴槽"等文字，让买家能够一目了然这些部位的名称和功能。

③语言沟通

大部分买家在购买商品之前，需要与卖家进行详细的沟通。用语言的方式对使用方法进行介绍，更加直观，也更能深入细节，增进买家对商品的了解。

（3）了解商品使用方法的重要性

①打消买家疑虑

有些看似复杂的商品，其实在使用起来非常简单。但是只凭图片和文字的介绍，买家还是不能透彻地进行了解。这时就需要卖家根据自己对商品的了解进行深入介绍，打消买家的疑虑。

②避免纠纷

有些商品如果使用方法不当，可能会无法发挥出最大功效，或者容易损坏。比如，一款粉底产品，单纯地涂抹，可能不会呈现出自然的效果，而用手指腹轻轻地按压，则会让粉底和皮肤更加贴合。

如果卖家没有事先告诉买家该如何使用，很可能就会收到一条"使用效果不理想"的差评。

③延长商品使用寿命

广义来讲，商品的保养也应该算作商品的使用方法范畴。如果使用不当，很可能会缩短商品的使用寿命，因此，一些特殊的商品就需要一些特殊的方法来保养。

卖家在销售商品时，要根据商品的使用说明以及自己的亲身体验，来介绍商品的保养方法。例如，一款高档皮鞋，应该如何擦拭，如何定期上油，使用怎样的工具，放在什么样的容器和环境中进行保存。

这样做不仅能够延长商品的使用寿命，也会给买家留下专业的印象，当再次购买同类商品时，自然会想到你的店铺。

二、交易管理如何操作

当买家决定购买你的网店中的某一款商品，也就是确定进行交易时，就需要买家对交易的流程进行操作及管理。交易管理不仅包括卖家的一系列操作，有时当买家对交易流程不了解时，也需要卖家提供一定的帮助。

交易管理的基本操作，都可以在卖家中心的"已卖出的宝贝"板块进行，主要包括以下几个方面：

1.等待买家付款

当买家拍下某个商品之后，在付款之前，商品的交易状态会呈现为"等待买家付款"。卖家在这时可能需要进行三种类型的操作，即等待买家付款、修改价格或关闭交易。

如果交易双方对商品的价格没有任何疑义，卖家此时无须任何操作，只需等待买家付款即可。

如果交易双方通过协商，卖家同意降低商品价格或进行一定的折扣，则需要对商品的价格进行修改。卖家可以点击"卖家中心"——"已卖出的宝贝"，找到已经出售的商品，在交易信息中点击"修改价格"——"涨价或折扣"一栏中进行操作。

如果卖家填写的数字是正数，即代表对商品进行涨价销售；如果填写的是负数，则代表降价销售的金额。单击确定，当价格修改完毕之后，系统会向买家发出信息，提示价格已经修改完毕，此时只需等待买家付款即可。

还有一种可能就是买家在未事先与卖家沟通的情况下拍下商品，此时可能正赶上商品缺货，或已经停止销售，那么卖家则需要与买家进行沟通之后，将交易进行关闭。

2. 买家已付款

当买家通过支付宝进行付款之后，交易的状态会变更为"买家已付款"。此时的货款由支付宝代为保管，当交易成功之后，才会支付给卖家。

此时卖家不要急着发货，而应先与买家核对订单上显示的商品信息、买家地址、姓名、联系方式，以免错发导致买家收不到商品。当全部信息确认无误之后，卖家再联系物流公司进行发货。

3. 卖家已发货

当选择好物流公司进行发货之后，卖家会收到一张由物流公司提供的发货单，将发货单上的物流单号输入之后，交易的状态会变更为"卖家已发货"。

为了体现专业的服务态度，卖家最好将发货的消息通过阿里旺旺告诉买家，提醒买家及时收货。

这时，交易双方就可以通过"跟踪物流"，查询物流的进展。当买家收到商品之后，并确认没有任何疑义之后，可以点击"确认收货"，支付宝会将收到的货款支付给卖家。

4. 交易成功

当支付宝将货款支付给卖家之后，交易的状态会变更为"交易成功"。这并不代表卖家已经完成了服务，而是要为下一次交易打下基础。

为了激励买家再次购买，卖家可以通过系统，为买家发放购物优惠券或礼品券，为买家留下良好印象，并充分表达出希望买家再次光顾的诚意。

5. 退款

并不是每一笔交易都能让买家完全满意，有时候也许是因为商品出现瑕疵，或者买家选错尺码，甚至仅仅是不喜欢这个商品，都可能出现退货或退款的情况。而大部分淘宝卖家参加了"七天无理由退换"活动，只要商品保持原样，买家在七天之内都有提出退款的权利。

一旦买家提出退款，卖家应该在第一时间进行回复。如果沟通之后，买家执意提出退款，卖家应该配合买家共同解决。这时会出现两种可能性。

（1）付款未发货

如果买家在卖家发货之前提出了退款申请，交易双方经过沟通达成一致之后，卖家即可同意退款。

当买家发出退款申请之后，卖家有五天的时间进行处理。退款申请中包含买家的退款理由，如果理由合理，卖家即可选择同意退款申请，之后输入支付密码，货款就会自动退回给买家。交易的状态将变更为"交易关闭"，此次退款即处理完成。

（2）买家已收到商品

当商品已经通过物流发出，买家如果想退货，需要在一定时限内提出。一般情况下，时限范围因物流种类而定。平邮和快递的时限为十天，虚拟商品为三天，自动发货商品为一天。

在这个时限之内，买家可以提出全部退款或部分退款的申请。退款申请中应包括买家的退款理由，包括"商品质量问题""实物与描述不符""我不喜欢"等理由。收到退款申请后，卖家有 15 天的时间来进行处理。

如果与买家协商之后同意退款，卖家应该将退货的详细地址、收件人、联系方式发送给买家。买家在进行退货之后，应及时上传退货的物流单号。

当卖家同意退款之后，交易状态将变更为"买家已退货，等待卖家确认收货"。如果卖家收到商品后，确认不影响二次销售，只要按照退款的步骤操作即可。

如果卖家认为买家的退款理由不合理，或商品已经使用，无法进行二次销售，可以拒绝买家的退款申请。如果交易双方无法通过协商达成一致，可以申请淘宝客服介入处理。淘宝客服将在 30 天之内介入，帮助交易双方协商处理。

三、收到买家投诉，如何处理纠纷

在网店经营期间，网店店主也许会收到由淘宝系统发来的投诉通知。有时候也许是买家针对某一笔交易进行投诉，有时候是关于侵权或违规的举报。一旦收到这样的投诉通知，也不要惊慌，而是要根据投诉的具体内容，搜集整理相关的证据，及时进行申诉处理。

首先登录淘宝账号，单击"我的淘宝"——"客户服务"——"投诉 / 举报"——"投诉"——"我收到的投诉"，即可看到投诉列表，单击相应投诉下方的"查看"，即可看到投诉的详细内容。

如果需要对该项投诉进行申诉，可以在投诉页面中单击"申诉"——"详细内容"——"发表看法"，写明申诉的具体原因和理由。这部分的内容一定要写得简单明了，不要过多赘述，只对问题的根源进行申诉和反驳，让处理纠纷的淘宝客服能够一目了然，搞清楚事情的原委，从而做出客观公正的处理。

最好在申诉时能够附带相关的图片作为证据，更加有利于纠纷的快速和合理解决。图片可以是聊天记录、发货单等内容，申诉页面上有单独的上传图片空间，只要单击"添加附件"，即可将电脑中的证据图片进行上传。图片的格式应为 GIF、JPG 或 JEPG，图片大小不要超过 200Kb。

四、好评从何而来——管理买家评价

当交易状态变更为"交易成功"，交易双方都可以针对本次交易进行评价。买家的评价内容决定着店铺的信誉等级，而卖家的评价内容也决定着买家的购买信誉。好评计 1 分，中评不计分，差评计 –1 分。

1. 评价方法

卖家在"我的淘宝"——"已卖出的宝贝"中可以看到需要评价的交易，单击"评价"，即可针对此次交易做出评价。当交易双方都完成评价之后，双方的信用等级就会随之发生改变。

2. 评价解释

当收到买家评价之后，卖家可以针对评价的内容进行解释。单击交易后方的"解释"按钮，可以对买家的好评做出感谢，也可以针对买家不满意的地方给出合理解答，进行解释。

3. 及时处理中差评

一旦收到买家的中差评，卖家一定要及时做出处理。如果是商品本身的问题，要及时进行退换；如果是买家的抱怨和牢骚，也不要感到厌烦，要用积极的态度与买家进行协商，给买家一个满意的答复。只有妥善地对中差评进行处理，才能让店铺的信誉等级稳定提高。

（1）及时道歉

无论是否因为卖家的过错导致了差评，都一定要及时向买家道歉。如果买家的阿里旺旺在线，可以通过在线聊天进行沟通，如果不在线，可以拨打买家留下的联系电话进行道歉。这里是为事件的解决创造一个良好的开端，表明诚恳的态度，为店铺赢得一个换来好评的机会。如果因为一时冲动得罪买家，或对评价置之不理，只会让店铺丧失掉一个老顾客。

（2）耐心倾听

买家在收到道歉时，一般会对不满意的理由进行发泄和抱怨。此时一定要耐心倾听买家抱怨的理由，鼓励买家提出宝贵意见，这样做也是为了更好地解决问题，只有了解抱怨的具体内容，才能给出合理的解决方案。时刻牢记"顾客永远是对的"，千万不要批评买家的不是，否则只会让事态更加恶化。

（3）态度友好

要对买家的遭遇和抱怨深表同情，让买家感受到你的确是在解决问题。只有这样，买家才会接受你的道歉，配合你进行协商解决。

（4）快速处理

在处理中差评时速度一定要快，不要拖延。因为这样做可以在第一时间化解买家的抵触情绪，也能够让买家感受到你的诚意，更可以避免由买家带来的负面宣传。

（5）妥善解决

一定要在脑海中实现构思好解决问题的方案，这样才能让买家感觉到你不是在应付他。可以适当给予买家一定的补偿，可以是精神上的道歉，也可以是物质上或价格上的补偿，避免因为这一次的事件让买家对店铺丧失信心。

4.修改评价

当买家接受你的道歉和补偿，即表明情况已经可以挽回，可以试探性地请求买家对中差评进行修改，如果买家同意这一请求，就等于挽回了店铺的信誉。可以指导买家修改评价的操作步骤，在"我的淘宝"——"评价管理"中，单击"修改评价"，即可对该项交易的评价进行修改，只有一次修改的机会，并且只能修改为好评。

如果卖家想要对自己给出的评价进行修改，也可以在同样的位置进入，进行修改。

五、客服与买家的沟通法

客服的服务态度代表了一个店铺的品质，也决定着交易是否能够顺利达成。当出现纠纷时，客服处理问题的态度与方式，直接影响着店铺的信誉等级，因此，无论是卖家亲自担任客服，还是聘请客服工作人员，都要牢记以下几点法则：

1. 保持微笑

微笑是良好的服务态度的最直观体现。虽然在网络中交流看不到对方的表情，但可以通过表情图片进行解决。当顾客上门时，第一时间发送出笑脸的表情符号，配合"××店铺欢迎光临"的字样，让买家感受到自己被重视。当顾客离店时，不要忘记发送"感谢您的光临"等字样，无论这一次是否购买，都会给买家留下良好的印象。

2. 顾客永远是对的

对于买家提出的任何一个问题，都不要当作刁难，一定要给出最合理的解答，或根据顾客的要求，给出最适合的推荐。如果买家对商品不满意，无论问题是出在店铺本身，还是物流环节，都要给出一个积极的反应，让买家在心理上获得满足。

3. 使用礼貌用语

"顾客就是上帝"，在与买家进行沟通时，一定要注意使用礼貌用语，例如："欢迎光临，请问有什么可以帮到您？"用亲切的话语换来买家的好感，即使买家只是随便进来逛逛，当下次需要购买商品时，也会因为你的礼貌选择你的店铺。

4. 诚实守信

网络上的交易是看不见摸不到的，因此更多的时候是凭借交易双方的信任。在介绍商品时，不要夸大商品的实际内容，对于商品的一些缺陷或不足之处，也应该坦诚相告。买家并不一定会因为这些小缺陷而放弃购买商品，反而会加深对店铺的信任。

5. 留有余地

在与买家沟通时，不要给出一些过于肯定的语言，例如，卖家无法保证一款化妆品在每一位顾客的脸上都能呈现出最完美的效果，也无法保证物流送达的具体时间，做出保证只会让买家抱有过高的期望。一旦没有达到实际效果，买家会产生巨大的心理落差，甚至引起不必要的纠纷。

6. 换位思考

一定要多替顾客着想，甚至可以换位思考，把自己想象成顾客，看看自己希望获得怎样的服务态度，并尽最大的可能让买家得到实惠，花费最少的邮费，这些都会让买家感受到你的诚意，成功达成交易。

7. 懂得询问与倾听

当买家选购商品时，客服人员可以进行适当的询问，了解买家购买商品的用途，例如，是自用还是送礼，从而给出合理的推荐。对于买家的询问，一定要耐心倾听，不要不耐烦，给出让买家最满意的解答。有时候，买家的一个小小建议甚至能对店铺起到很大的帮助。

8. 热情耐心

有些买家会提出许多问题，一定要进行耐心解答。有时候，提问多的才是真正的买家。即使买家在提出许多问题以后放弃购买，也不要抱怨，做出"欢迎下次光临"的态度，给买家留下一个好印象。

对于买家的砍价，也应给出耐心的解答，告诉买家不能砍价的原因。如果可以做出适当让步，就要尽量给买家一定优惠，让买家尝到甜头，也许还会再次购买。

六、放弃广泛撒网，指向性营销

网店的成功运营不能坐等顾客上门，而要主动出击，制定一些吸引顾客上门并成交的策略。然而，在制定策略时一定不能盲目，有些网店卖家进行了很长时间的宣传推广，也没有实现顾客盈门的效果，这时，卖家就需要考虑自己销售的商品主要针对哪些人群，制定的销售政策是否合理，并及时对不合理的地方做出调整。

1. 确定目标人群

网店卖家一定不要单纯根据销售的商品就对目标人群进行定位。例如，有些韩版女装，并不是所有的买家都是年轻女性，许多中年女性也喜欢选择这样的服装。在确定目标人群时，可以将成交记录作为分析数据，在沟通时多了解一下买家的年龄段和职业特点，为定位目标人群提供有力依据。

在制定宣传策略时，不要奢望将所有顾客"一把抓"，而是要准确找出主要的顾客群体，针对这一部分顾客制定销售策略。选对了目标人群，宣传的效果自然就会提高。

2. 针对性推广

明确了目标人群之后，就可以有针对性地制定营销策略，这部分内容一定不要空想，既要便于操作，又要真正能够招徕顾客上门。

例如，针对学生买家，可以采取一定的优惠和折扣；针对白领买家，在优惠的同时，还要适当体现出商品的品质；对于具有一定经济实力的买家，优惠并不是最好的选择，而是要额外附赠一些具有品质感的附加商品和服务。

只有准确抓住买家的定位和心理，才能取得良好的推广效果。

3. 具备执行力

准确定位目标群体，制定了合理的营销策略之后，就要即刻动手开始执行。这是考验卖家执行力的时刻，一定要秉承着认真的态度做事。否则，即使是同样的营销策略，你取得的效果也可能不如别人。

一旦方案制定完成，就要按照方案中的内容执行，如果营销策略在不断地改变，反而会给买家造成迷茫的感觉，不知道怎样才能符合营销策略，也会不利于营销策略的执行。

当活动结束之后，要及时针对活动的效果和中途出现的问题进行总结，为下一次推广积累经验，力求使之后的推广起到更好的效果。

七、多渠道发布商品信息

在之前的章节中，我们讲过利用其他网络平台对商品进行推广，但这样的推广方式主要以软性宣传为主，需要一个长时期的培养过程，才能见到效果。在软性推广的同时，不妨同时尝试在更多的渠道发布商品信息，有些渠道虽然要收取一定费用，但回报往往远远大于支出，既宣传了店铺，又获得了利润。

不过，在选择收费渠道时，一定不要盲目。不仅要考虑该渠道的受众群体、关注度，还要考虑该渠道是否专业、可靠。否则白白花了钱，反而见不到成效，未免得不偿失。

以下几种商品发布渠道，可以为网店卖家们做一个参考：

1. 发布广告

在发布商品的多种渠道中，广告的影响力相对较大，不仅对商品和品牌具有传播作用，还可以对商品进行个性化的展示，同时体现商品的促销活动等内容，对买家构成一定的吸引力。

可以将商品以图片的形式，在媒体平台上进行大量展示，尤其是对于那些想要做品牌推广的网店来说，是不错的选择。因为主要以图片的方式进行宣传，对图片像素质量的要求比较高。

广告宣传是一种"广泛撒网"的宣传方式，虽然无法针对指定的目标群体进行发布，但因为覆盖的受众面足够广泛，自然也就能够吸引到一批目标顾客。

淘宝的广告方式主要有两种，一种是以天为单位进行付费，另一种是按千次展示来进行付费。广告的页面可以通过淘宝首页、阿里旺旺聊天框、阿里旺旺每日焦点等方式进行展示，只要是打开淘宝的用户，都有机会看到。

淘宝网首页广告

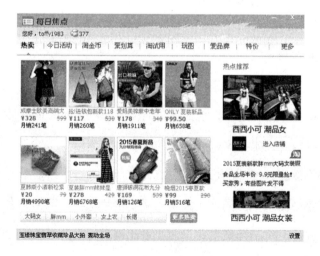

阿里旺旺每日焦点广告

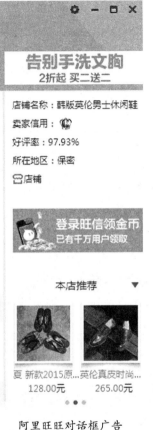

阿里旺旺对话框广告

2. 加入淘宝直通车

淘宝直通车的优势，就是可以更加精准地对商品进行发布和推广，不仅可以增加商品的曝光量，还可以更精准地让目标顾客看到商品，从而吸引买家进入店铺。

在第一次加入淘宝直通车时，需要预存一定的费用，供未来推广时使用。淘宝直通车的费用并不固定，卖家可以自由出价，给出的价格决定商品的排位，买家在点击之后，按照卖家给出的价格进行收费。

淘宝直通车的推广方式，分为搜索推广和定向推广两种。

（1）搜索推广

加入淘宝直通车，可以为商品设置一个关键词，通过关键词的点击数进行收费。淘宝直通车会通过这个关键词，精确找出目标顾客。

通过淘宝网关键词搜索页面、类目搜索页面、淘宝搜索页面、热卖宝贝搜索页面的任何一种方式，只要买家在搜索商品时输入这个关键词，加入淘宝直通车的商品就会出现在专门的展位。只有在买家点击之后才会收取费用，否则不会收费。

（2）定向推广

淘宝直通车会利用多维人群定向技术，对买家的浏览路径和兴趣需求进行分析，建立起庞大的数据库，帮用户更加直接地锁定目标顾客，将需要展示的商品信息呈现在顾客浏览的网页上。

3. 钻石展位发布

这也是一种通过竞价对商品和店铺进行推广的方式。加入钻石展位的商品可以展示在淘宝首页、我的淘宝、各频道焦点图和通栏等位置，以及一些外部合作网站之中。

钻石展位的商品拥有比其他商品更大、更绚丽的展现效果，展现时间、位置、费用可以进行自由组合，如果不展现，将不会收取费用。可以说这是一种性价比非常高的商品发布方式，花很少的钱，收到最大的广告效果。

4. 加入超级卖霸

卖家可以参与淘宝推出的各种活动专题，根据不同价格，购买不同的广告展示位。总的来说，价格比广告的价格低。

5. 参加淘宝促销活动

淘宝会不定期举行各种各样的促销活动，卖家可以根据活动的内容进行选择。只要在活动列表中选择想要参加的活动，进行报名，通过淘宝的审核之后，即可参加。

八、维护客户资源

每一位顾客都是网店的宝贵资源，大量的新顾客成交可以为店铺带来利润，而老顾客的重复购买，有利于为店铺树立口碑。

在网上交易，买卖双方无法面对面地交流，因此，除了要对每一位顾客表现出足够的重视之外，还要学会一些留住顾客的技巧。

1. 售前服务吸引新顾客

我们已经了解了多种发布和推广商品的渠道，当顾客被吸引上门时，卖家需要花费更多的心思，把顾客留住。良好的售前服务就成为了留住顾客的关键环节。

（1）客观介绍商品

在买家选购商品时，应该适当询问买家的喜好和用途，进行合理推荐。关于商品的一些缺点，不要完全隐瞒，可以开诚布公地告诉买家，这些都是为了避免交易完成之后，引起买家的抱怨和投诉。也会给买家留下坦诚的好印象。

（2）打消买家疑虑

在决定购买某件商品之前，买家的心中对商品都有着诸多疑虑，例如，质量好不好、售后服务是否完善，等等。当买家犹豫不决时，卖家应该主动询问买家都有哪些疑虑，逐一进行解答，将疑虑打消。否则，交易很难成功。

（3）真诚服务

经商时最重要的一点就是要有诚心与耐心。因为网店每天会迎来大量的各种各样的顾客，不同的顾客会提出或相同或不同的问题，反复回答相同的问题，很容易让人丧失耐心，这是经商的大忌。一定要把这当作与买家进行交流的机会来珍惜，用真诚和耐心的回答来打动买家。

在解答买家关于商品的疑问时，应该尽量通俗易懂。当买家进店时，卖家不要抱着买家一定会购买的想法，也许对方只是询问一下，与其他的店面做对比，因此，卖家的心态一定要平和。

对于买家提出的要求，只要不是无理要求，卖家应该尽量满足；即使无法满足，也要耐心地解释理由，不要意气用事，惹恼买家，反而会留下服务态度不好的口碑。

不要为了获得利润，极力向买家推荐他不需要的东西要。让买家感觉到你是在为他着想，用真诚的态度赢得买家的信任。

（4）巧妙应对不同顾客

不同买家对商品的要求不同，因此，卖家在销售商品时，也应该学会了解买家的性格，针对不同性格，采取不同的销售策略。

有些买家因为性格比较自信，在购买商品时也会非常爽快。但是这种性格的买家不喜欢别人过多干预自己的决定，卖家在销售时不要盲目推荐，应该多听听买家的想法，对于他们的选择要给予足够的肯定。

而有些买家个性比较随和，不善于拒绝。卖家在耐心交流的同时，可以主动进行推荐，巧妙地说服。

有些买家在购买商品时比较犹豫，很难下决心是否购买，也不知该选择哪一款商品。卖家应该强调商品的特性，给出买家选择某一款商品的理由，说服买家购买。

在网店经营中，最常见的是喜欢砍价的买家。似乎每一款商品他们都会嫌贵，卖家应该抓住他们的心态，在语言中让买家感觉真正占到了便宜。

如果遇到比较精明的买家，不要急于让他们做出购买的决定，而应该通过沟通，赢得对方的信任。

有些买家的性子比较急，不喜欢与卖家进行过多沟通。这时卖家就不要过多地对商品进行介绍，只简洁扼要地说明优势即可。而对于慢性子的买家，则要花费更多的耐心，只有耐心地回答他们的每一个问题，才会有可能实现交易。

在所有买家的类型中，挑剔型的买家比较难以沟通，因为他们对任何事都抱着怀疑的态度，因此只能凭借耐心取胜。

2. 售后服务留住老顾客

对于那些曾经进行过交易的老顾客，卖家应该更多地体现出对他们的关心，时常保持沟通，做好售后服务，既维护住了顾客，又树立了店铺的口碑。

（1）及时联系

卖家应该抱着真诚为客户服务的心态，即使交易已经结束，也要主动联系买家是否已经收到商品，对商品是否满意，询问买家自己的服务是否还有哪些不足的地方需要改进。如果买家对一切都很满意，自然会给出好评。即使真的有不满意的地方，因为是卖家主动询问，买家也会心平气和地解决问题。

（2）跟踪物流

商品发货之后，卖家应随时跟踪物流的动向。一旦发生错发或错寄的事件，可以做到及时解释，及时解决，避免买家的损失。

（3）如实评价

买家同样在乎自己的信用等级，在交易完成之后，卖家应该如实地对买家做出评价，这也是对买家购买行为的肯定。

（4）妥善处理退换货

无论买家因为任何理由需要退换货，都要在第一时间内给予回复。不要迟疑，更不要拒绝。因为退换货的顺畅，也证明着卖家服务的专业与可信，也会促使买家成为网店的忠实客户。

（5）快速处理投诉

顾客的投诉并不一定是坏事，这会反映出卖家的商品和服务上的不足之处，让卖家不断改进。面对顾客的投诉，首先应该耐心倾听，承认错误，适当补救。如果处理得当，不仅不会丧失掉顾客，甚至可以维护与顾客之间的关系。

（6）保留顾客资料

在即将到来的大数据时代中，顾客资料成为一家网店最宝贵的财富。妥善保管顾客的资料，不仅可以根据这些资料准确定位目标群体，还可以根据资料中显示的买家喜好，选择进货的种类。当网店开展活动时，还可以通过资料中的联系方式，及时通知顾客进店参与。

（7）定期联系买家

可以将每一位顾客都当作自己的朋友，在节日时发去一个简短的问候，让顾客觉得温暖，可以增进彼此的情感。也可以发送一些新品和优惠的信息，让顾客随时掌握店铺的动态，促进销售。

九、网店的专属促销方式

促销是通过折扣与优惠等方式，吸引买家进店的方法。表面看上去，折扣与优惠可能会让单个商品的利润减少，但却可以刺激更多的买家购买，提升商品的销售总量，利润自然也会实现增长。

促销的方式多种多样，许多网店卖家不知如何制定促销策略，以下是几种比较适合网店的促销方式，可供卖家参考。

1. 满就送

这种促销方式的涵盖面比较广，只要买满一定金额或数量，或者只要购买任意商品，就可以获得赠送的机会。赠送的内容多种多样，可以是礼品，也可以是现金、积分，或赠送包邮等。

这种促销方式可以提升店铺的浏览量，同时提升成交率，通过满就送的方式，提升店铺的整体交易额和利润。

在"卖家中心"——"营销中心"——"促销管理"——"满就送"中，即可设置活动的名称、时间，以及具体的活动方式。如果到了活动结束期，卖家并不想终止活动，也可以在这里将活动期限延长。

2. 限时打折

限时打折，是在一定期限之内，将某些种类，或者某些数量的商品，以低于市场价格的价格进行销售，从而吸引买家购买。如果卖家采用这种促销方式，买家在搜索商品时，只要同时搜索"限时打折"，即可搜索到参加活动的商品。

如果卖家想要选择这种促销方式，必须已经订购了淘宝旺铺，并且依然在使用期限之内。在"卖家中心"——"软件服务"——"我要订购"页面，即可购买"限时打折"服务。可以按照季度或半年、一年的期限进行购买，每年的服务费用为120元。

完成购买之后，在"卖家中心"——"营销中心"——"促销管理"——"限时打折"中，即可设置限时打折的商品、价格、活动时间等内容。

3. 搭配套餐

搭配套餐，是将几种商品组合在一起，以套餐的形式进行销售。买家只要完成一笔交易，即可同时销售出多件商品，提升网店的业绩。

搭配套餐服务的订购方法与限时促销的订购方法相同，不过，搭配套餐的服务费相对较低，每年的费用为60元。

同样在"卖家中心"——"营销中心"——"促销管理"中，可以选择"搭配套餐"，搭配的商品数量不得超过五种，搭配后的套餐价格也不得超过几种商品原价的总和。填写好套餐的标题、价格和主图之后，可以按顺序选择需要搭配的商品，再对商品套餐进行描述，完成以上工作之后，即可完成商品套餐的发布。

4. 店铺优惠券

店铺优惠券是一种虚拟的现金券，可以在买家购买商品之后进行赠送，吸引买家再次购买。可以在"满就送"的促销方式中，将赠品设置为"店铺优惠券"。

店铺优惠券的使用方式有多种，可以是消费即可使用，也可以针对某一款或某一类商品，也可以是消费满一定金额才可以使用。

每种促销方式都不能长期使用，时间长了，会丧失对买家的吸引力。一般来讲，短期的促销活动时长最好不要超过一周，1～3 天是一个比较合理的期限。中期促销活动最好持续在半个月到一个月之间。如果是打算长期进行的促销活动，最好是在参与活动的人员上进行限制。例如，只针对会员，或只针对 VIP 会员。

5. 包邮

许多买家在购物时，都会与卖家商量是否可以包邮。因为已经支付了购买商品的价格，再支付少则几元，多则二十几元的邮费，会让买家有多花了钱的感觉。有时候，邮费的价格甚至超出了商品本身的价格，更加让买家望而却步。

因此，卖家可以根据买家购买商品的数量，或商品本身的利润，来适当地减免一部分邮费，或者包邮。

目前网络购物选择的常见物流方式包括邮局平邮、快递、物流、特快专递等。平邮的价格虽然便宜，但速度较慢；特快专递的速度快，但费用高；物流运送无论是费用和时间都不占优势。因此，包邮的最佳方式为快递。

包邮的好处是不仅让买家觉得免去了附加费用，比在商场中购物更加划算，有时候，是否包邮，甚至影响着买家是否在你的网店中购物。

6. 赠送小礼物

如果买家在收到购买的商品时，还能收到一些由卖家赠送的额外的小礼物，会产生惊喜的心理，也能够增加对该网店的好感。

赠送的礼物可以是额外购买的小礼品，也可以是店内其他的商品或试用装，用赠送礼品的方式，可以给买家一种获得了优惠的感觉。

虽然赠送礼物不如打折优惠来得直接，但取得的效果却同样很好。因为赠送的商品是看得见、摸得到的，可以让买家长时间使用。在使用的过程中，买家会不断增加对该店铺的品牌印象。

如果赠送的是店内其他的商品或试用装，也是在无形中对该款商品进行宣传。如果买家觉得使用效果不错，也会专门购买该商品。

十、做网店也是在做信誉

信誉是消费者对一个品牌的信任度和评价，主要来自商品和服务。同样，只有建立起一间有信誉的网店，才能获得买家的青睐。其中，商品质量、服务、包装、售后等信誉，一个都不能少。只有保证网店的信誉，才能维持顾客的忠诚度，成为网店中的赢家。

1. 如何建立网店信誉

（1）优质的产品和服务

优质的商品和服务，是网店信誉的基础，也是网店要长期贯彻的宗旨。只有这样，才能在买家的心目中建立起良好的信誉，获得买家的信任。

（2）合作信誉

除了对买家履行信誉以外，对供应商、合作伙伴等，都应该保持良好的信誉，有利于树立品牌效应。

（3）履行社会责任

有些企业会将每一笔交易中的一部分资金，用来捐献给公益事业，这是履行社会责任的体现。买家会觉得在这样的店铺中购买商品，自己也参与到公益事业中，也就更愿意到该店铺购买商品。

2. 信誉的作用

（1）促进销售

店铺的信誉可以给买家留下深刻的印象，在购买商品时，大部分买家都喜欢选择信誉高的店铺。店铺的信誉越高，越容易激发买家的购买欲望。

（2）树立店铺品牌

在网络中购物，买家无法先尝试再购买，这时，店铺的信誉就成为了主要的参考因素之一。店铺的信誉越高，买家就会越放心购买，久而久之，店铺将在买家中间树立成品牌，获得买家的认可。

第八章

电商常识安全篇：
警惕＋识别

网络上的骗术多种多样，一旦中招，无论是有形的资产，还是无形的账户和密码，都会落人骗子手里。保持警惕，学会识别，在网络环境中实现自我安全保护。

一、钓鱼网站的骗局

阿里旺旺是淘宝购物的主要交流工具，许多不法分子看中了这一渠道，利用其发布钓鱼网站。这些网站的主要特点是与淘宝网的网址具有非常高的相似度，骗子在发送网址链接的同时，还会附带一些类似"中奖信息"或假装购物的文字。

除了阿里旺旺之外，淘宝站内信也被骗子当作发布钓鱼网站的渠道。淘宝网的网址为 http://taobao.com，而钓鱼网站则在此基础上进行稍加改动，将钓鱼网站的地址设置为 http://taoba0.cn，或者 http://taob.cn，等等。如果不专门留意，很难发现。

不过，淘宝为了增加网络上的安全性，避免用户被钓鱼网站欺骗，凡是在阿里旺旺中出现的网址，如果确认是安全网址，在网址的前方会加上一个图标；如果无法确认该网址是否安全，则会在网址的前方加上提示图标，如果遇到这个图标显示的网址，在点开之前一定要慎重。

不过，有些骗子懂得利用安全系统的空子。有些网站作为阿里巴巴的合作网站，这些网站的链接会被阿里旺旺默认为安全链接。骗子则会将钓鱼网站的网址放在这些网站的空间中，将空间网址发送出去，阿里旺旺则会显示这是一个安全网址，但如果对空间中的网址进行点击，则很容易会掉进骗子的陷阱。

骗子总是能抓住淘宝卖家成交心切的心理，许多卖家在这样的心理作用促使下，会疏于防范。不过，一旦不小心进入钓鱼网站，也不要惊慌，只要牢记，千万不要输入自己的用户名和密码，否则会导致账户中的资产被盗。

为了安全起见，如果不确定该网址是否安全，最好不要点击进入。在交易时，如果买家没有完成付款步骤，就不要提前发货。如果买家提出修改收货地址，则一定要求对方用购买商品的 ID 来通知，确定对方的真实身份。如果有人要求换货，则要仔细查看购买记录，以免有人利用店铺生意好的机会钻空子。

二、链接中的陷阱

在打开聊天对话框发来的链接之前，网店卖家一定要提高警惕。即使是由朋友发来的链接，也要在确认安全之后再打开。

因为骗子有可能冒用好友的身份，或者是盗用了好友的账号，将植入了病毒和木马的链接发送过来，一旦点击打开，就可能进入骗子的陷阱。

骗子使用的手段多种多样，发来的链接有着各种名目。有些是谎称网址中是朋友的照片，让你点击观看，有些可能是求助你帮助投票，等等。

有些网址可能需要你输入账户名和密码，从而盗用你的账号，窃取账号中的资金。而有些网址只要一点击，就会自动在电脑中植入病毒，有些病毒甚至重做系统也无法清除。

因此，在打开朋友发来的链接之前，一定要仔细回想，"朋友"说的事情是否真的发生过，并对好友的身份进行验证，例如，询问一些只有你与朋友之间才知道的事情，比如你的真实姓名、外号、就读学校等，只有确认对方的身份之后，才可以打开对方发来的链接。

除了链接之外，有些骗子还会发送一些植入了病毒和木马的文件让你接收，例如，谎称是朋友的照片，或者是求助你帮忙审阅的文档等，一定不要盲目接收，更不要随便打开，同样要确认好友的身份，再进行下一步操作。

三、免费 Wi-Fi 背后隐藏着黑手

许多人来到陌生的地点或者公共场所时，都喜欢连接那里的免费 Wi-Fi，节省手机自身的流量。然而，免费 Wi-Fi 的背后也隐藏着巨大的不安全因素。

有人曾经因为连接了陌生场所的免费 Wi-Fi，被黑客窃取了网银密码，导致银行卡内的大量余额被通过网银的方式转走。

因为抓住了人们喜欢蹭免费 Wi-Fi 的心理，许多黑客会通过自己的电脑建立免费 Wi-Fi，再伪装一个看上去比较正规的 Wi-Fi 名称，一旦有人连接，其所有的网络操作都会进入黑客的移动设备中。例如，邮箱账号、密码，网银账号、密码等，黑客会对这些数据进行专门的分析和破解，掌握了这些信息之后，轻而易举地对账户中的资产进行转移。

黑客通过免费 Wi-Fi 窃取用户信息，主要包括以下三种手段：

1. "绑架"正当网站

黑客将正规的网站地址"绑架"到非法网站上，使用者虽然输入的是正规网站的地址，但跳转出来的却是一个仿真度极高的假网站。

2. 拦截数据

黑客可以凭借非法软件拦截到用户的网络数据，即使用户在操作时没有输入密码，但只要获得了用户名，黑客就可以通过专门的软件对密

码进行破解。

3. 窃取账户

有些黑客无法完成密码的破解工作，却可以通过移动 Wi-Fi 将用户的账户截取，再修改成自己的账户，一旦该账户发生转账等行为，黑客就会将其占为己有。

除了要注意免费 Wi-Fi 的陷阱之外，如果需要进行一些资金的转账等操作，最好使用银行的专业客户端，安全系数相对更高，减少账号和密码被盗的危险。

四、创造安全的交易环境

除了要具备一定的防骗知识以外，应该主动为自己争取一个安全的交易环境。这里需要注意的是，为网店营造安全的交易环境，并不是一种一次性的行为，在日常的经营中，要时刻注意对交易环境的安全维护。

1. 账户安全

账户安全最主要的保障是设置一个安全系数较高的密码，由 6 ~ 16 个字符组成，最好是同时使用英文字母、数字、标点符号三种元素进行组合，英文字母还可以区分大小写。

不过，账户密码不仅要不容易被破解，还要便于卖家自己记忆，如果设置得过于复杂，连自己也记不住，反而为自己增添麻烦。

为了保障账户密码的安全，最好定期对密码进行更换，为了方便记忆，可以用纸笔记录下来。

2. 支付安全

除了为账户设置登录密码，在交易时，还需要设置安全的交易密码。除此之外，如果想要进行资金往来的操作，还需要在电脑上安装支付宝数字证书，开通手机动态口令。每当需要输入支付密码时，系统会向绑定的手机号码发送一条动态口令，在电脑上正确输入这条口令之后，才能进行资金的操作。也可以开通支付宝信使，让账户中发生的每一笔交易都以短信的形式发送到绑定的手机中。

3. 安装杀毒软件

杀毒软件是电脑中必不可少的防护用具，许多杀毒软件都具备清除病毒、木马、恶意软件的功能，并且会根据病毒种类的更新进行不定期的升级，同时还可以对电脑中的数据进行备份，防止丢失。

杀毒软件的种类很多，可以自行选择，并根据杀毒软件的使用方法进行设置和使用。在使用杀毒软件时，不要因为一时的偷懒而放弃升级，否则很容易被与时俱进的病毒钻了空子。同时要开启对邮件的保护功能，定期查杀，一旦发现病毒和木马，马上进行清除。

杀毒软件中的防火墙功能也一定要开启，可以极大地减少被病毒攻击的风险，并且要注意经常对重要的数据进行备份，一旦病毒将硬盘损坏，其中的数据还可以通过杀毒软件进行恢复。

许多病毒还会利用电脑系统的漏洞进行攻击，因此，及时安装最新的系统补丁也非常重要，这些都是杀毒软件的基本功能，可以将其作为保护电脑安全的工具妥善利用。

4. 不盲目下载

许多病毒和木马都隐藏在一些可下载的资源中，例如，图片、音乐、文本等。在下载之前，一定要做好防御工作，如果无法保证这些资源来自安全网站，最好放弃下载。如果是要下载一些软件的安装程序，最好是到官方网站或太平洋电脑网等正规网站中下载。

5. 使用安全浏览器

随着网络技术的发展，浏览器的种类也层出不穷。网店卖家一定不要图新鲜，尽量使用安全系数较高的浏览器，例如，360浏览器、IE浏览器等，都具备智能拦截恶意网站和钓鱼网站的功能。

6. U 盘防护

许多卖家都会将经常使用的资料和数据存储在 U 盘和移动硬盘等移动存储工具中，方便随时查找和使用。一定要做好 U 盘防护工作，不要对任何资料和软件设置自动运行，否则，不但可能造成数据的丢失，也可能使移动存储工具成为病毒的滋生和传播空间。

7. 定期清除垃圾文件

电脑使用一段时间之后，会积累大量的垃圾文件，不仅影响运行速度，也威胁到电脑的安全，很有可能隐藏病毒。因此，需要定期对垃圾文件进行清除，保证电脑的运行速度和安全。

五、店铺的小信息也属于商业机密

对于网店来说，商品的成本、进货渠道、销售渠道、客户资料等，都属于商业机密。一定要对这些信息进行严密保管，一旦不小心泄露出去，不仅可能会使店铺的利益遭受损失，甚至可能导致店铺的毁灭。

在日常经营中，卖家不仅自己要注意对商业机密的保守，也要让员工培养成保守秘密的工作习惯，哪怕是一张印有商业机密的打印纸，也要仔细保管，如果不再需要，必须进行销毁。同时，还应该制定泄露商业机密的惩罚措施，对员工的行为进行监督。

不要放松对店铺经营中的任何一个信息的保密，这些信息可能就存在于经营的细节中间。例如，促销活动的时间与内容，为促销活动准备的库存量，这些都是网店需要提前制定和准备的环节。如果在活动之前被竞争对手知道，很可能会被抢占先机，无法取得促销活动预期的效果。

再比如淘宝直通车的关键字与竞价，如果被其他商家知道，可能会故意给出比你更高的出价，赢得高于你的排位顺序。

对于一些与店铺有合作的商业伙伴，也应该知道哪些话该说，哪些话不该说，因为，除了你之外，他们与其他的店铺也可能有着合作关系，也许无意中的一句聊天，就会泄露你的商业机密。

店铺中的每一项操作和每一件事项都应该划分严格的传播空间，将信息控制在一定的范围内，避免因为信息泄露导致的商业事故。即使发生泄密事件，也可以在传播范围之内进行查找，找出泄密的源头，再进行合理解决。

六、防不胜防的网络骗术，识破点在哪里

除了具备一定的防骗意识之外，还应该多多掌握防骗的知识，了解骗子使用的各种手段，避免造成损失。

1. 冒充顾客

有些骗子冒充顾客的身份，谎称看中了店内的某一款商品，将带有病毒的链接伪装成商品链接，告诉卖家这个链接打不开。卖家一旦点击该链接，就会中招。

还有一些骗子假装发来商品的图片文件，询问是否有货，或者是否可以打折，卖家接收文件之后，就会收到骗子发来的病毒侵袭。

如果是买家发来的询问，不要轻易打开链接或文件，而应该让对方对商品进行截图确认，避免上当。

2. 多次购物

有些骗子为了获得卖家的信任，会多次在店铺中购物，每一笔交易都及时付款，及时评价，给卖家留下诚信的印象。当获取了卖家的信任之后，就会一次性订购大量的货物，再谎称钱不够，先支付一部分，让卖家先发货，后期再补足货款。如果卖家轻信了对方的话，就会导致货物被骗。

3. 相似账号

骗子会同时注册两个相似度很高的用户名，先用其中一个进行咨询，付款之后再用另一个用户名提出修改地址。当卖家按照新的地址发货之后，原来的那个账户名会提出没有收到货物，申请退款。这时卖家才会发现，两个账户名只是相似，却并不是同一个账户。

4. 第三方网站

骗子谎称购买大量商品，但是需要第三方网站的担保，并发送网址。只要卖家在该网址注册，骗子就会获得卖家的账号、身份证号等信息，破解支付宝密码，窃取钱财。

5. 邮箱诈骗

骗子冒充顾客购买商品之后，不通过支付宝付款，而是通过邮箱，发来一张假冒的汇款截图，卖家以为已经收到货款，只要发货，就会财物两空。

6. 网银诈骗

骗子冒充顾客购买商品之后，同样谎称没有支付宝，而是向卖家索要银行账号，谎称转账。一旦获得银行账号后，就会随便输入登录密码，导致卖家的银行账号被冻结，当日无法查询余额。骗子再谎称已经转账，催促卖家发货。

后记

在电子商务如火如荼地发展的今天，我们似乎可以预见到未来的商业模式中，电子商务将占有重要的一席之地。网店作为电子商务的一种模式，也将随着电子商务模式的不断发展而日趋完善。

网购潮流已经改变了人们传统的购物模式，通过网络创业，也为更多人带来了全新的机会。随着网店竞争的逐渐激烈化，电子商务的相关知识就显得尤为重要。正因如此，才诞生了这样一本全新的电子商务运营教程，希望有更多的人通过对书中知识的学习，跨过电子商务的门槛，成为电子商务行业中的精英。

可以预见，未来的电子商务模式，从形式到规模，都会与今天产生很大的不同，将朝着更多元化与专业化的方向发展。网店不仅可以成为一个交易平台，更可以打造成一个具有良好口碑与人气的品牌。

目前，低廉的价格是网店的优势，在未来的日子里，网店真正的优势应该体现在创新。无论是商品、科技，还是经营理念，创新是网店发展的真正核心。而这一切都以扎实的电子商务基础为前提。

　　传统的经营理念在日新月异的电子商务大潮中已经显得落后，因此，本书中全新的电子商务应用与操作，可以更直观地介绍电子商务的特点、未来发展趋势、如何创立一间网店，以及如何对网店进行营销与推广，甚至细化到了商品的物流配送与网店的日常管理。

　　在未来的网店经营中，不仅要掌握本书介绍的电子商务基础应用与操作，也要与时俱进地了解、学习更多电子商务的相关发展和知识，淘汰陈旧观念，接受新鲜事物，积累新经验，沉淀出经营理念的精品。也希望本书可以为网络创业者带来更多的参考价值。